春夜十话　数学与情绪

〔日〕冈洁　著

林明月　译

人民邮电出版社
北京

图书在版编目（CIP）数据

春夜十话 : 数学与情绪 / （日）冈洁著 ; 林明月译
. -- 北京 : 人民邮电出版社, 2019.2（2022.9重印）
ISBN 978-7-115-49253-1

Ⅰ . ①春… Ⅱ . ①冈… ②林… Ⅲ . ①数学—学习心
理学—文集 Ⅳ . ①G447-53

中国版本图书馆CIP数据核字（2018）第206561号

内 容 提 要

我们通常认为，数学是逻辑性的学问，而日本数学家冈洁先生却认为，数学中最重要的是"情绪"。情绪是影响心智与认知发展的重要因素，若不能培育"健全的情绪"，则很难真正理解数学和创造性是什么。本书从"情绪与心智"的角度，探讨了认知发展、义务教育中的深层问题，同时阐述了作者对人性的细微考察与独到理解，是一本影响了日本几代人的经典名作。

◆ 著   [日]冈洁
 译   林明月
 责任编辑 武晓宇
 装帧设计 broussaille 私制
 责任印制 周昇亮
◆ 人民邮电出版社出版发行   北京市丰台区成寿寺路11号
 邮编 100164 电子邮件 315@ptpress.com.cn
 网址 https://www.ptpress.com.cn
 涿州市京南印刷厂印刷
◆ 开本：880×1230 1/32
 印张：5.25   2019年2月第1版
 字数：126千字   2022年9月河北第8次印刷
 著作权合同登记号 图字：01-2017-8330号

定价：49.00元
读者服务热线：(010)84084456-6009 印装质量热线：(010)81055316
反盗版热线：(010)81055315
广告经营许可证：京东市监广登字20170147号

前言

　　人的认知中心是情绪。不同民族的情绪，其色调千差万别，如同春天田野里万紫千红的花草，不尽相同。

　　我是一个研究数学的人，大学毕业后我苦心钻研这门学科至今已有 39 年，今后很可能也会继续研究数学吧。要问数学是什么，数学是通过表达自我情绪而形成的一种学问艺术。在理性主义的发展史中，这种学问艺术表现为欧美所称的"数学"形式。

　　我认为人的表现方式一种足矣。如无特别之事，我大概只会安静地用法语将内在的日本式情绪写成论文。有人问，研究数学对人类有何益处？我一直认为，紫花地丁只需如紫花地丁般开花即可，这对春日的田野有无影响、有何影响，紫花地丁自己也不知。

近来，日本这个国家实在使人担忧，令我不吐不快，因而才有了此书。

鄙人所述之言皆由每日新闻社的松村洋先生整理成文。

冈洁

目录

第一章
春夜十话

人的情绪与教育

我一直尽量让生活远离世间喧嚣。可即便如此，依然感触良多，心中存疑。那就以此为题展开吧。

在日本，无论研究还是教育，似乎都将"人"剔除在外。西方也面临着同样的问题。实际上，研究、教育的主体都是人。所以先从生理学角度去认识人究竟是什么，这是否才应该是各门学科的中心呢？可现在还没有从生理学角度研究人的学科，即便医学也未真正试图从生理学角度研究人。也许医学正以此为目标，但发展的速度已落后太多。

幼儿培养方法和义务教育等方面，最能明显反映出对人了解不足的问题。人是动物，却不只是动物。人是在动物性的砧木上嫁接人性之芽，如同在涩柿的砧木上嫁接甜柿的芽苗。可日本当代教育一心追求芽苗的快速生长与成熟，并不关注嫁接的是什么。倘若任其生长，甜柿芽的生长发育将会受限，茁壮成长的仍是涩柿芽。因为涩柿芽比甜柿芽的生长发育要早得多，所以我们必须防备其成熟期的提前。过早成熟不如推迟成熟，这也是教育的根本原则。

　　第二次世界大战后，日本义务教育年限延长，但女性的平均初潮年龄却较战前提早了三年。这一现象实在令人担心。我认为这正是人性受到压制，动物性被激发的表现。比方说，牛马的幼仔出生后很快就能行走，但人类出生一年后才能行走。这一年是人类重要的准备期。这样的话，成熟期提早三年，不正意味着人区别于动物的那部分生长得过于仓促吗？[1] 人和动物有何不同？我认为人有体贴体察之心，动物没有。人能从动物进化成人，不外乎因为能体察他人情感。而体察他人情感可不是一件易事。观察婴儿的内心成长，最棘手的也是这个部分，他人的情感实在难以洞察。人想要体察他人情感，何止需要几千年，花上无穷的岁月也不嫌多。人在 2 岁左右才能稍稍理解情感，且仅限于自身。到 4 岁左右才开始微识他人情感。中间仅有两年的学习时间。要知道，在未能体察他人的微妙情感前，是无法学习道义之根本的。

　　最近，我的长孙出生了。我期盼他能有一颗慈悲怜悯之心，并能早日感知情感，但他仍处于混沌之中。说起来，所谓素养其实是一种条件反射，约束人的思想行为，令人感觉不自由。可倘若放纵其如杂草般肆意生长，也会令人头疼该不该施以约束管制。

心智有自己的成长期，如同植物的茎、枝、叶的生长也非均衡划一。战争时期大家都种过南瓜，应该清楚茎叶的生长旺盛期不同。但有人却将所有时期混同，在每个时段都密集地去评判孩子是好是坏、有没有能力，根本没认识到孩子自身的成长规律。

日本当代的教育忽略了同情心的培养。由此联想到，最近的青少年犯罪的确具有"无情"这一共性特征。我认为这是动物性萌芽被提早激发的结果。这样的头脑也不适合做学问。夏目漱石的弟子小宫丰隆和寺田寅彦曾咏一组连歌。小宫丰隆吟上句"予水墓上苔，鲸吸水无影"（水やればひたと吸い入る墓の苔），寺田先生接下句"檐下聚蚊蚋，凭空添一柱"（かなめのかげに動く蚊柱）。寺田先生对连歌信手拈来的本领，令小宫先生叹为观止。但勿论其他，一个好的头脑，首先当能如干渴青苔遇水般，对知识鲸吸牛饮。若动物性萌芽发育导致头脑对知识不甚渴望，那么如此庸钝不堪的头脑，根本无法做学问。中学老师近来也称学生具有此类问题，常常冥顽不灵，难以教授知识。

现在的年轻人，即便能理解他人的坚强，但又有多少人能理解他人内心的悲戚呢？倘若无视他人的感受，做事多会粗枝大叶，不够细致周到。所谓粗枝大叶，是指全然不在意对方而一味地自以为是。如果毫不在意对方的感受，缺乏细致周到的思虑，必然导致一事无成。长冈半太郎曾提及寺田寅彦先生的细致周到，认为放眼日本文学界，几乎没有文章可与寺田先生的《薮柑子集》媲美，尤其是其中的《团栗》一文。

情绪塑造心智

一般观点认为做学问靠的是头脑，但我认为实际上情绪才是关键。人体的自主神经[1]包括交感神经系统和副交感神经系统，正常情况下两者处于相互平衡制约状态。以我的数学研究为例，倘若交感神经系统活动起主要作用时，则会思绪不畅，蜗步难移。感觉腹腔内脏仿佛被置于板上，肠胃蠕动受到抑制。而当副交感神经系统活动起主要作用时，我反倒文思泉涌，下笔有如神助。只是，此时的肠胃蠕动增强，容易出现腹泻症状。

最近，美国有位医生用狗做实验，切断了狗的交感神经。结果如实验预期，狗出现了腹泻及大肠溃疡等症状。在基本生理方面，

1　自主神经又称内脏神经。其特点是：一般不受意识的控制；有节前和节后两个神经元，其神经由无髓神经纤维组成。内脏运动纤维可分为交感神经和副交感神经两个部分。自主神经支配的是内脏、心脏、血管的运动和腺体的分泌。（《实用医学词典 第2版》，人民卫生出版社，2008年3月出版。）——编者注

人与狗其实相差无几。情感问题可引发腹泻，或许正是因为"情绪中心"同时也是身体的中心吧。情绪中心位于太阳穴深层，大脑皮质下的中脑区域。两侧的神经系统也受该区域控制。这样看来，此处不仅是情绪中心，亦可谓人的中心。

如上所述，人的发育自然也受情绪中心影响，因而培养健全情绪的教育不可不谓头等大事。我并非一味强调情操教育的重要性，更希望大家理解情绪之所以重要，是因为今天的情绪将塑造出明天的心智。当你了解情绪中心切实存在的事实，就应明白所谓的差生不过是情绪中心未能正常发挥作用，因此教师教育培养学生的方法十分重要。另外，由此也可知做学问靠的并不只是能力或者聪明。

日本当代教育令我深感担忧的是，20岁左右的年轻人缺少控制冲动的能力。控制能力主要受大脑前额叶的影响。摘除大脑前额叶，并不影响生命体的存续，但会使人在生活中变得极易冲动。何为冲动？比方说在考试中，未充分理解题目意思便提笔作答就是冲动。所以，现在日本年轻人易冲动的现状，或许也可以称之为大脑前额叶发育不良。大脑发育是西式教育的中心，家长也非常重视大脑的发育。但近来日本教育的重心开始向求职方向倾斜，该现象出现时间不长，原因也暂未明确。总而言之，教育的结果以大脑前额叶发育不良的形式呈现出来。也许再过不久，整个日本民族都将面临同样的问题。虽然我希望能彻底改变教育，但教育改革如同大型轮船用网拖着日式老木船，欲速则不达，须平流缓进。因此，必须首先改变年青的一代。为了减少他们成为社会中坚力量时的麻烦，认真培养下一代无疑是不二选择。想要避免将来可能发生的混乱，就必须从现在开始养成不过分拘泥于年龄的习惯。倘若事事都以年长者为先，必将引起诸多麻烦。

回到前面提到的副交感神经系统。一般情况下，我们沉醉于游戏或热衷于某件事情时，都是副交感神经系统在发挥作用。这种主动沉浸的状态非常重要，因此即便学校创造了接受教育的机会，但接下来如何发展唯有靠自己。战争时期，日本的孩子被剥夺了玩耍的权利。战争结束后，他们失去了玩耍的天性。这或许是因为大脑缺少了副交感神经系统的配合运作。为何副交感神经如此重要的功能会被人遗忘？那是因为他们不了解人的中心在情绪之中。

不仅教育，日语中也存在同样的问题。今年二月，我第二个孙子出生。他们让我给取个名字，可我思来想去实在不想只在当用汉字[1]中挑选。尽管其中也有人名用汉字选项，但皆为"虎""熊""鹿"之类。当用汉字基本都是含义十分具象的汉字，

---

1 当用汉字：日本的国语措施之一。由汉字中使用率高的字构成，作为公文和媒体等文字的表示范围之用。——译者注

表达情绪气氛类的汉字早已被剔除在外。

我十分属意"悠久"一词。可当用汉字中只有"久",并无表达跨越时间之感的"悠"。我第二个孙子出生于二月,本想用"萌"字表达发芽萌出之意,可惜当用汉字中亦无此字。

如果你想详尽描述某件东西,其实日语多有不便,不是最佳选择。若追求简洁明了,只怕世上无任何一种语言能够胜任。所谓简洁明了,应呈水流之势。所以我不赞同削减具有气势的动词或改变它们的灵活用法。总之,将表达感官的汉字悉数剔除在外,也是对"情绪与人性"的一种忽视。

有关数学的回忆

我的研究方向是数学,大家可能认为我一定从小就很擅长数学。可记忆中,我小学时数学成绩称得上不错的经历,也不过一两次。二年级前我就读于乡里纪见村(现位于桥本市内)的柱本小学,后转至大阪市北区的菅南小学。三四年级时,父亲曾指出我的国语练习册写得乱七八糟,而且还没写完。父亲还说:"你也就数学题能好好地写完。也许因为你比较擅长数学吧。"四年级的时候，老师让大家比赛看谁能更快更好地解数学题。我第二个做完。最快的是银行家的儿子，叫高浜。不过他虽然速度快，但忘了写小数点，所以老师判定我才是第一名。奖品是笔墨的组合套装，老师让我从中挑选自己喜欢的。可我犹豫不决，拿不定主意。最后在老师的催促下，我选了粗笔和墨汁的套装。高浜挑选了笔的组合套装，说道："这些天能好好写字啦。"但我记得自己之后写的东西还是乱七八糟。

那时比起计算题，我更擅长应用题。不过六年级时，应用题中有些题目的难度增加，我记得自己格外不擅长碁石算[1]和龟鹤算[2]。在小升初的考试中，我也与县立粉河中学失之交臂。但这并非只是因为我算术特别糟糕。倘若依据那个时期的记忆来评价我的数学素养，我对应用题的掌握程度确实没能做到游刃有余。

时光荏苒，直到大学毕业后我才再次展现自身的数学素养。当时，我在法国留学，在研究上有所发现，并将其整理成论文，交给费雷歇[3]教授想请他看看。费雷歇教授是索邦（Sorbonne）大学出了名的好人。他看过论文后，向我介绍了他的同事当儒瓦[4]教授。当

1　碁石算：用围棋棋子探讨方阵中的计算问题。——译者注
2　龟鹤算：相当于中国的鸡兔同笼问题。——译者注
3　费雷歇：1878—1973，法国数学家。——译者注
4　当儒瓦：1884—1974，法国数学家。——译者注

儒瓦教授看过我的论文后，从隔壁拿来一本杂志。这是一本涵盖科学所有学科新想法的杂志。当儒瓦教授翻开杂志其中的一页，指给我看。原来那是当儒瓦教授的论文。仅通过标题和开头的算式，我已明白这是一篇主题和我相同，但结论相反的文章。我面红耳赤，羞愧难当，恨不得找个地缝儿钻进去。费雷歇教授安慰我说："不要在意，当儒瓦教授是这方面的权威嘛。"然后他同当儒瓦教授一起走了出去。这日的情景与两位教授体贴的态度，令我记忆犹新。

上了一年的高等小学[1]后，我考上了粉河中学。初中二年级，我第一次接触代数。在这一学年第三学期的期末考试中，五道题里我只解出了两道。我有个习惯，做题喜欢从最难的入手。那次考试中我也是如此。尽管已学习了一个学期的解题方法，但在碰到那道题时，我却忘得一干二净。因此心情变得焦躁，以致做其他题目时都出了错。因为第三学期的考试比重最高，所以那年的代数平均分只有 68 分，简直不堪入目。考试结束后我回到乡里，可心里始终对这次的成绩耿耿于怀。一日清晨，我看见春日的阳光洒在庭院泛白的土地上，心中顿时泛起片片暖意。面对如此景象，

---

1 高等小学：从日本明治维新至第二次世界大战爆发前，针对普通小学毕业的人群，普及稍高难度的初等教育的学校。——译者注

我转变念头，深感往事已逝，不必纠结于过往之中，心情顷刻变得轻盈。

顺带提一下，关于土壤的颜色，我还留有一次印象深刻的回忆。那是在初中一年级，因为植物科目考试的前夜复习到很晚，所以第二天起床时整个人浑浑噩噩不太清醒。可当我看到宿舍前被修整得漂漂亮亮的花坛里，黑黝黝的土壤中冒出花草，内心竟奇妙地感到了慰藉。那种对于洒满阳光的土地的沉醉感，直到现在我依然无法忘怀。

以上谈的都是一些不太顺利的经历，下面聊聊我萌发数学兴趣的事情吧。初中三年级的时候，因为有了脚气，我搬出宿舍，每天往返于乡里和学校。我一般都是考前一周才开始学习，所以在家无事可做无聊透顶。好在家中有不少藏书，如《西游记》《真书太合记》《近世美少年录》等。在读高等小学时，我几乎把家中藏书看了个遍。

不过其中的法律类图书和汉文史书未有涉足。除此之外，仅剩一本《数理释义》（*The Common Sense Of The Exact Sciences*）尚未读完。《数理释义》是 19 世纪英国的数学家克利福德[1]的著作，

---

1 克利福德：1845—1879，英国数学家。——译者注

日文版由菊池大丽翻译。这本书非常特别，前两章的标题分别是"个数与数数的顺序无关""多个数相加的和与加法的顺序无关"。书中的新知识十分有趣，让我爱不释手。其中的"Clifford 链定理"充满了神秘之感，令我印象深刻。Clifford 链定理中指出，条数为 $2n+1$ 的直线产生共圆，条数为 $2n$ 的直线产生圆共点，且该结论不受直线的条数多少的影响。[1] 此后，我还碰到了许多定理与问题，只要能解，我皆尽力而为之。唯独 Clifford 链定理，我丝毫没有证明它的念头。因为一旦这个定理得到证明，它就会变为寻常之物，其神秘感也会荡然无存。

没过多久天气转暖，我发现自己始终放不下 Clifford 链定理，于是开始画图证明。这是一件非常耗费精力和时间的工作，我竭尽全力也仅能画出 7 条直线的图形。从第三学期伊始至临近期末考试的近两个月，我一直都在画图研究 Clifford 链定理。现在想来，这段时间无疑为我打下了最坚实的数学底子。

我一心埋头钻研 Clifford 链定理，至于学校的考试，则全靠

---

1 一般地，任取平面内两两相交，且任意三条直线都不共点的 $2n$ 条直线，则其中每 $2n - 1$ 条直线可确定一个 Clifford 圆，共确定 $2n$ 个圆，那么这 $2n$ 个圆交于一点，称为 $2n$ 条直线的 Clifford 点；任取平面内两两相交，且任意三条直线都不共点的 $2n+1$ 条直线，则其中每 $2n$ 条直线可确定一个 Clifford 点，共确定 $2n +1$ 个点，那么这 $2n +1$ 个点共圆，称为 $2n +1$ 条直线的 Clifford 圆。关于 Clifford 链定理的具体表述与证明，可以参考《五点共圆问题与 Clifford 链定理》，张英伯、叶彩娟，《数学通报》，2007 年，第 46 卷，第 9 期。——编者注

强记书本内容来应付。我的强记能力很不错，虽然并非过目不忘，但也能记住一段时间。这种能力有时十分重要。初中三年级前后是训练这种能力的黄金时期，过了这个阶段再训练只能徒劳无功。虽然我认为掌握这种能力十分必要，但是和错过了这个时期的人交谈时，我不太会提及这方面的内容，毕竟已经错过最合适的时期，又何必令人徒增烦恼呢。

迈向数学之路

继续聊聊我踏上数学之路的经历吧。中学五年级[1]的寒假前夕，我开始在家门口的水泥地上用木炭画图来思考如何证明"完全四边形三条对角线的中点三点共线"。寒假到了，可我依旧百思不得其解。临近正月时，我竟然流了鼻血。之后，整个人仿佛安眠药中毒般无精打采。直到寒假结束，仍提不起精神。不过经过这件事后，我学会了仔细琢磨问题。

---

1 日本旧制中学学制为五年，中学一年级到中学五年级对应的年龄为12—16岁。——编者注

考上三高[1]后，当时一年级的数学老师是杉谷岩彦。杉谷老师的课非常有趣，但课堂上的内容无法满足我的求知欲。于是，我同时自学了东北大学出版的"东北数学丛书"。当时我认为自己已经解开了书中大部分的问题，但现在想来，实际上也许只解决了一半左右。如果手上还有这套丛书，一看便知当时究竟解开了多少。可惜大学毕业后没多久，为了凑齐旅费，我把藏书一起卖给了二手书店。

那一两年正是我渴望解开数学问题的旺盛期。当然我也有懈怠的时候，就像蝌蚪长出四肢也需要时间。

杉谷老师在讲解方程式的解法时曾说："刚刚用的方法是无法解开五次方程式的。阿贝尔定理已证明了这一点。"后来他又补充说："你们中的大部分人将来估计都会报考工科，如果有人选择理科，大学里会再学习到这个定理。"我们是理科甲类[2]生，一般情况下都会进入大学的工科学院。也许老师无意细说定理内容，仅是一笔带过，但我对这种方式十分不满，以致时间越久，越是在意这

---

1 三高：旧制第三高等学校，现在京都大学的前身之一。——译者注
2 理科甲类：根据《高等学校令改正》（1901年），日本新创7年制的高等学校，并在其中设置寻常科和高等科。高等科分为文理两类，其中理科根据第一外语的语言再细分为甲、乙、丙三类。甲类的第一外语是英语，乙类是德语，丙类是法语。
　　　　　　　　　　　　　　　　　　　　　　　　　　——译者注

个定理"究竟如何证明出无解的结果"。最初我本打算报考工科，但经历这件事情后，我的内心开始动摇。其实原本之所以打算报考工科，是因为我没有信心能为研究领域做出贡献，于是只想单纯地随大流想选一条简单的路子。另外，我其实不擅长尺规作图，也不喜欢工程设计法和工厂实习。从那时起，我意识到自己并不适合工科。

大学三年级时，据传爱因斯坦将造访日本。这一消息在日本国内引起了巨大的轰动。其实爱因斯坦访日是第二年的事情。但在日本，人们更享受等待的时间，因为等待更令人雀跃。受爱因斯坦的影响，大学报考理科的同学竟多达 10 人。我也是其中之一，最终考入了京都大学理学部物理学系，但是学习后才发现自己对物理毫无兴趣。虽然我嘴上说："实验太难了，我做不来啊！"可实际上是阿贝尔定理的神秘魅力令我心猿意马。这无疑也受到了克利福德先生和杉谷老师的影响。但我没把握在数学上能够有所建树，认为相较之下或许物理容易些，因此最初我选择了物理专业。在数学面前，我是如此没有底气。

但是就读物理专业一年级时，安田亮老师的数学课让我萌生了转去数学系的念头。当时数学期末试卷总共只有两道题，且都是应用题。我按照自己的习惯从难题入手，想了快两个小时才想到解题方法。由于太过激动，不禁脱口大喊："我会了!"引得前排的同学和监考的安田老师纷纷回头。当时，我脸都红了，赶紧写完卷子离开了考场。因为过于兴奋，我竟把后面的考试忘得一干二净，一个人悠悠地逛到了圆山公园，后仰在长椅上一直睡到傍晚时分。这是我第一次体会到数学上的"发现"，更确切地说是第一次体会到证明法上的"发现"。因此，我的想法发生了改变，认为只要肯尝试，自己还是可以做出点成绩的，于是最终我决定转去数学系。直到现在，我依然觉得那一道题出得极为精妙，否则我怎么可能冲动地在教室中脱口大喊"我会了"呢。

数学系老师的授课着实有趣，在数学系的两年时光转瞬即逝。听说毕业考试中有口试环节，我和以前一样开始背诵一些课程为之做准备。也是此时，我有了服用安眠药的习惯，并且出现了安眠药中毒的症状。虽然大学毕业后，我直接担任了学校的讲师，但由于上述身体问题，毕业后的头两年除了机械地重复授课这一事情之外，我几乎一事无成。很快又过去了两年，1929 年我被公派赴法留学。

顺便说明一下，我个人习惯用公历纪年代替年号纪年表达年份。因为我出生于 1901 年，用公历纪年可以很快计算出自己的年龄，非常方便。

留法与好友

决定留学之初,我渴望去法国,可日本文部省却要求我去德国。当时德国并没有我想师从的对象,所以我向文部省表达了自己一定要去索邦大学师从加斯顿·朱利亚(Gaston Julia)教授的想法,坚持去了法国。其实选择留学是因为渴望师从某人,可文部省竟连这个道理都不明白,想指派我去他国。这就是忽略了"人"的表现,只关注谁说,却不在意说了什么。

最终,我乘坐绕道印度洋的"北野丸"号轮船,花了 40 天到达法国。据轮船的事务长介绍,"北野丸"号的船长十分重视乘客的安全,不过为了让乘客欣赏美景,有时也会冒些风险。同时,船长也十分热衷于花札[1]。航程中,船上的医生非常照顾我,总能让我玩个尽兴。每天大家在一起下棋、打麻将,吃喝泡澡,好不痛快。想到当轮船到达目的地后,船上的玩伴们就要上岸告别,我多希望轮船一直开下去,不要到达法国。现在我已记不起船长和船医的姓

---

1 花札:日本的一种纸牌游戏。——译者注

名了。当初他们这么照顾我，可我竟把他们的名字忘了，真是羞愧难当，可惜现在已无可能再去查询他们的姓名。在这趟船返程归日后，船长因以往的事故受到海难审判，这趟行程成了"北野丸"号最后的行程。返回日本后，"北野丸"号就被执行报废了，船员也因此被解散。真希望能再与他们相遇。

其实在上船前，我一直发低烧。不过我向船医请求帮忙，蒙混过关上了船，最终在船到达法国前退了烧。现在想来，退烧并不完全是用药的缘故。心情畅快使得副交感神经取代交感神经起了主要作用，因而身体得以从失衡中恢复并自愈。我不想因为这件事情，过多遭受道德层面的口诛笔伐，大致情况就是这样。总而言之，乘船出行，悠闲自在随波荡漾于海上着实是一件快事。近来我多搭乘飞机出行。相较前者，后者真乃无趣得多，即便能从天上俯瞰地面，仍是了无生趣。

在巴黎，我结识了中谷宇吉郎，并住进了他斜对面的房间。大约有两个星期，中谷每晚都和我说寺田寅彦的实验物理故事，这对我之后的数学研究有很大的影响。要说法国文化给我的第一印象，那就是富丽秀（Folies-Bergère）里的舞女和宝塚的完全不一样。向导中谷和我解释说："那可是盎格鲁－撒克逊人（Anglo-Saxon）！"另外，公园里翠绿的草坪也令我难以忘怀。

　　当时，我认为法国文化没有什么值得特别学习的地方，数学上也是如此。于是我把注意力转移到了电影上，以此消遣逗趣。彼时于我而言，法国电影只是美术写真的罗列，所以我看的几乎都是西部片。当时西部片的主要元素是马，不是手枪。直到回了日本后，我才认识到法国文化并非我想的那般浅薄。归日后，我曾一度十分沉迷于雷内·克莱尔（René Clair）的作品。其实在回日本前夕，买了返程船票后，我偶尔去看亨利·马蒂斯[1]（Henri Matisse）的画展。通过大量的素描作品，我详细了解了马蒂斯的画家成长之路，内心十分钦佩。可惜当时回日本已是迫在眉睫，无法深入了解。归根结底，我十分惧怕研究数学，对外国文化倒是备感亲切。日本人一般在这方面恰恰相反，害怕外国文化，却对数学过于无畏。在此，我希望大家能明白这个误区。

　　在法国，我最大的收获就是认识了中谷治宇二郎。中谷治宇二郎是中谷宇吉郎的弟弟，当时经由西伯利亚自费到巴黎留学。他是位考古学家，曾巡回日本东北部收集绳纹土器，并撰写了长篇论文，后又将其浓缩成三页法文简介。对此，我十分钦佩。相识后，我与他交好并成为挚友。当时的中谷治宇二郎年纪尚轻，对自己

1　亨利·马蒂斯：1869—1954，法国著名画家、雕塑家、版画家，野兽派创始人和主要代表人物，代表作有《豪华、宁静、欢乐》《生活的欢乐》《开着的窗户》《戴帽的妇人》等。——译者注

的优缺点未有清晰的认识，不过十分有才华，有见识。尤其在做学问方面，与人谈起自己的理想抱负时，总是娓娓而谈不觉疲惫。他曾吟："轻推门扉，至见花影。"（戸を開くわずかに花のありかまで）这难道不是非常明确地表达了他在做学问上的理想吗？

我与中谷治宇二郎仿佛两个共鸣的音叉，交谈起来不知休止。我们一起挖石镞，参观卡纳克（Carnac）巨石文化遗迹等。不过我本身对巨石文化没什么兴趣，所以去了也只是倚着巨石痴迷地研究我的数学书。

此番留法，令我超越时空暂别日本，同时结交了挚友。因为不愿与中谷治宇二郎分别，我向文部省申请延长留学一年。1932年，我与中谷治宇二郎同期返回日本。因中谷治宇二郎在留学前曾患脊柱结核，回日本后病情加重，住进靠近九州别府的由布院静养。每年一到暑假，我就飞去在病床前同他交谈。可是第三年，因为女儿生病我提前离开了，没想到那次分离竟是永别。后听他人提起，我离开之时，中谷治宇二郎曾吟："汽笛声声催，此别难相见。"（サイレンの丘越えて行く別れかな）

中谷治宇二郎在世的时候，我只想与他交谈，未将注意力放在数学研究上。留法三年，我仅确定了今后的研究方向。如果说多复变函数是一座山，我选择攀登这座山恰恰是因为我知道攀登它有多艰难。

1936 年 3 月，中谷治宇二郎去世。此后我开始认真研究数学。同年，我完成了我的第一篇论文。

发现的喜悦

常有人问，研究数学最后能干什么？我一直认为，紫花地丁只需如紫花地丁般在春日田野中开放即可。至于开花是好是坏，紫花地丁自己也不清楚。对其本身而言，至多也只有开花与不开花的区别罢了。对我而言，学习数学仅是为了体验学习数学的快感。毫无疑问，这种快感就是"发现的喜悦"。

数学中的"发现的喜悦"具体是什么呢？留学回日本后，我已决定专攻多复变函数论。紧接着，贝恩克[1]（H. Behnke）和图仑[2]（P. Thullen）共著的《多复变函数论》（*Theorie der Funktionen mehrerer komplexer Veränderlichen*）于 1934 年在德国出版。书中记录了该

---

1 贝恩克: 1898—1979，德国数学家。——译者注
2 图仑: 1907—1966，德国数学家。——译者注

领域详细的文献目录，并详尽列举了 1929 年后的诸家论文。从丸善书店购入此书仔细研读后，我已能够清晰展望研究领域的全貌，同时知悉其中尚有三个中心问题未解决。于是，我立志攻克难题。其实当时，我已差不多写好 150 页左右的论文，但并不是研究这些中心问题的。因此我不愿继续做下去，仅提取了那篇论文的摘要发表。1935 年 1 月，我开始了中心问题的研究。

当时，我在广岛文理大学工作。学校里没有相关文献资料，我只能靠着目录中列出的主要论文的要点，把能解决的问题先解决。其他需要查阅文献资料的问题，留着去京都大学时调查。

研究两个月后，三个中心问题逐步显露真身，仿佛形成了一座连绵的山脉呈现在我的眼前。从三月起，我开始尝试攀登这座山脉。不过，多复变函数的中心问题毕竟是遗留下来的难题，前行之路步履维艰，我甚至都找不到问题的突破口。我每天都用不同的方法去尝试，看能否发现线索，但总是毫无进展，始终停留在未解的阶段，不知用什么方法能获得线索。日复一日，日日一事无成，这般结果实在令人沮丧。三个月后，我已尝试了所有能想到的方法，却依旧束手无策。我强迫自己继续研究，但每次只能勉强撑住十来分钟，过后便昏昏欲睡。

这时候，中谷宇吉郎邀请我去北海道。因为恰逢暑假，中谷宇吉郎说可以把北海道大学理学部的接待室借给我作为研究室使用。接待室的沙发十分舒适，我常常躺在上面睡觉。这件事在北海道大学同仁之间传开了。数学家吉田洋一的夫人、英国文学研究家吉田胜江还给我取了个"嗜睡性脑炎"的绰号。

到了九月，我心想差不多该回家了。有一日，在中谷家吃完早饭，我坐在客厅里发呆。突然思绪趋向一个方向，研究的内容变得清晰可见。两个半小时后，处理问题的方法已了然于胸。虽说花了两个半小时，但其实解决方法的浮现不过须臾之间。当时的我满心欢喜，毫不置疑这个发现的真实性。即使踏上了归程的火车，我的内心依然欣喜若狂，数学早已被我抛之脑后，眼中只有窗外飞驰而过的风景。

我一生中曾数次体会过发现的喜悦，但这是我第一次感受到如此酣畅淋漓的快乐。此后从第二年起，我以《多复变解析函数论》为题，大约每两年发表一篇论文。我的前五篇论文都是受此启发完成的。

其实，最初完全摸不清方向的探索状态，以及之后昏昏欲睡的停滞状态，都是发现历程中十分重要的过程。就像种子被撒进泥土后，需静待一段时间才会发芽；亦如结晶作用的发生，也需物体被置于一定条件下一段时间。万事俱备，仍需静待东风。所以即便感到研究一筹莫展，也不可轻言放弃，必须耐心等待潜意识里的种子慢慢成熟发芽。想法初见雏形之时，问题自然迎刃而解。

历史上，将发现的喜悦表现到极致之人非阿基米德莫属。他一边大喊着"我知道了"一边跳出浴缸，赤身裸体地跑回家。这绝不是为了检验发现的真实性。当时的他哪里还顾得上置疑自己的发现的真伪，不过是喜悦之情难以抑制罢了。近代的亨利·庞加莱[1]也曾记录下他在数学上的发现。庞加莱不仅是一位优秀的学者，同时还是一位一流的散文家。他细致地记录了发现的经过，却未提及发现后令人珍视的喜悦之情。虽然从希腊时代到近代，发现带来的喜悦程度逐渐弱化，可庞加莱绝口不提也实在令人难以理解。倘若庞加莱未体会到一丝发现的喜悦，只能说他接受的法国教育或许含有太多"人工塑造"的因素。

数学上的发现必定伴随着喜悦。这种喜悦之情就像你打算出门捉蝴蝶，推门就发现树枝上停着漂亮蝴蝶时的心情。其实"发现的喜悦"一词也是我从寺田寅彦先生描写捕捉昆虫的文章中借用而来的。

---

1 亨利·庞加莱：1854—1912，法国数学家、天体力学家、数学物理学家、科学哲学家。——译者注

宗教与数学

前一篇文章写了关于数学发现的相关内容。在我看来，发现前的精神紧张以及紧张后的松懈，都是发现过程中不可或缺的因素。不如再回顾几个发现经历来验证一下我的这一想法。大学毕业后至留法前，我一直住在下鸭的植物园附近。我十分喜欢在植物园里信步之时思考问题。记得是五月里的一天，我与妻子因一些事情发生争执，最后我拂袖而去，跑到大学附近常去的一家理发店"采耳"。"采耳"的时候，我突然想到数学上的一些现象，只用了短短几分钟便证明出了问题的每个细节。

还有一次是暑假，我在九州岛原的朋友家住了两周左右，每天都是一边下围棋一边思考问题。临归家前，朋友开车带我游览云仙岳。途中，当车钻出隧道时，一望无际的大海霎时映入眼帘，那一刻一直萦绕心间的难题迎刃而解。发现往往与自然给予的感动紧紧相连。

我在法国留学期间又经历了两次发现。当时我住在巴黎郊外塞纳河畔风景怡人的森林高地。一日，我一边思考问题一边在林中散步，最后竟不知不觉穿越森林走进一片旷阔之地。当我由此俯瞰脚下的风景时，心中的想法竟十分自然地朝着一个方向凝聚，这才有了我的那一次发现。另一次发现发生在从莱蒙湖畔的托农（Thonon）乘船去对岸的日内瓦一日游的途中。我上船没多久，研究中的问题便立刻迎刃而解。仿若在你醉心自然风光之时，大脑的意识出现了间隙，在脑中一直静待成熟的想法伺机从间隙处探出了脑袋。之后，再将当时间隙中冒出的那些想法整理成文，自然而然地便能完成解决研究课题的论文。

我着手准备第六篇论文，是在辞去广岛文理大学的工作，回到老家和歌山县之后。当我徘徊于难题前百思不得其解时，偶然从报纸上得知台风正向大阪湾逼近的消息。那一刻，我如同弦上之箭不得不发，立马决定横渡波涛汹涌的鸣门海峡。于是，我搭上了一只大阪至福良的小船。可惜台风路线最终偏移了预测方向，我未能如愿在波涛汹涌的海面上驰骋，只能眺望着风平浪静的大海扫兴而归。说起来，当时小船会决定出海就是看准了台风其实不会来，只不过我一个从郊外山里赶来坐船的人没弄明白情况罢了，由此可见我内心的紧张。

转眼间到了第二年六月。那时，我每天白天拿着树枝石头在地上写写画画，到了晚上就领着孩子在山里捉萤火虫。因为不忍看到萤火虫死亡，我们捉到就立马放生。在这样悠然自得的生活中，突有一日灵感乍现，纠缠已久的难题也找到了解决方法。这恰恰也证明了只有放松心情才能有所发现。只是后来，我便鲜有这类灵感型的发现了。

第二次世界大战期间，我在为接下来的两篇论文做准备，但其中有一处一直令我百思不解。战后第二年，我开始信奉宗教，每日都要敲打木鱼唱诵南无阿弥陀佛。有一日下班后，想法渐渐趋向一处，令困顿多日的我顿时豁然开朗。此时我的参悟之道与从前大不一样。我认为可能是心绪的安宁提升了我的思考能力，事物在我眼里变得更容易被发现，就如同在牛奶中加入了醋，接触到醋的部分会凝结沉淀变得显而易见。这也让我开始疑惑，宗教修行是不是利于数学的发展呢？

若将文化分为西方文化和东方文化两种类型，西方文化是以灵感为中心的，而东方文化更强调情操。孔子曾曰："有朋自远方来，不亦说乎？"此可谓情操型的典型代表。若以树作比，灵感型是绚丽的开花之树，情操型则是枝繁叶茂的参天大树。

情操愈高尚，境界愈高远。此乃东方文化。无论是夏目漱石抑或是西田几多郎，其思想境界都随着年龄增长而愈发超凡。故可言，《明暗》是漱石先生的巅峰之作。漱石先生之《从此以后》的前后期作品可能令人深觉有趣，但《明暗》已凌驾超然于这种趣味之上。

自第二次世界大战爆发前的五六年开始，数学的主流已趋于"抽象化"，即舍弃内容上的细节，保留事物的基本属性。这一变化在战后更为显著。若以风景作比，战后的数学世界就像严冬旷野，天朗气清，寒风呼啸。虽风景尚佳，但非宜居之所。为了能早日别冬入春，我决定继续谈谈那些令人如沐春风之事，其中一件是我留法时期的一次发现经历。但当我再次回顾往事，却忽然感觉茅塞顿开，当时未解决问题的线索也清晰呈现。这大概就是境界大开的缘故吧。

或许因为西方文化属灵感型，欧美的数学家上了年纪后，很难在研究上再攀高峰。我本属情操型，因而年龄越长反而越能有更好的发现。其实，有的欧美学者在年轻时是灵感型，随着年龄的增长，慢慢转变为情操型，只是他自己并未清楚认识到这一点。

乐学

或许因为日本自古就推行以情操为中心的教育，因而能够较快领悟外国文化的情操核心基调。古时，圣德太子将自己参悟的佛教核心整理成《法华经义疏》。当今的日本人亦可迅速领悟出"舜，宾于四门，四门穆穆""弹五弦之琴，歌南风之诗"等中国古代文学中的情操。与此相比，日本人理解西方文化的速度要慢得多。尽管接触西方文化由来已久，但西方文化并未真正融入日本，尤其是希腊文化。

希腊文化体系有两大特点。其一，希腊文化推崇强者为王。芥川龙之介曾言："希腊是东方永久的敌人，但其文化却极富魅力，令人神往。"我的挚友考古学家中谷治宇二郎也说过："希腊众神于群山间飞过，振翅之声响遏行云。而日本诸神之舞动却如天幕垂帘般轻灵。"此言亦点出了希腊文化中强者为王的特点。但我们绝不可接纳强者为王的观念，因为这种观念与人类的文化相去甚远，或许称之为野蛮也不为过吧。

其二，希腊文化主张知性的自主性。日本文化未能吸收这一优点。究其原因，不外乎外来文化的情操基调未被理解接纳。但知性的自主性确实值得我们学习。

知性具有自由、不受约束的自主性，这一现象仅在希腊可见。从数学史上看，只有希腊数学具有批判精神，故可言，无希腊无数学。知性不同于理性，知性包含"理想"。最先清晰认知理想的就是希腊文化，尤以柏拉图哲学最具代表性。

直至文艺复兴时期，大家才发觉，人们在罗马时代已经把那些希腊最宝贵的精神弄丢了。因此，文艺复兴时期的人都具有回归与亲近人性的强烈渴求，这一点从伽利略身上就可以看到。伽利略具有超越科学的科学家精神，他打破观念论，任何事情都要亲自验证。不过，当时的主流仍是理性至上。

笛卡儿整理了"认识"的理性，可理性最终也只不过是接近文化[1]的手段。直到牛顿时代，这一事实才开始被察觉。牛顿曾说："我不过是在海边拾贝壳的孩子。"这句话表达出将理性作为工具去认知无际大海时的绝望与感叹，言中的大海正是文化。

直到 19 世纪，人们才真正把注意力放到不局限于数学的文化

---

1 此处的"文化"可参考泰勒的定义理解："文化，或文明，就其广泛的民族学意义来说，是包括全部的知识、信仰、艺术、道德、法律、风俗以及作为社会成员的人所掌握和接受的任何其他的才能和习惯的复合体。"（《原始文化》，爱德华·泰勒著，连树声译，广西师范大学出版社，2005 年 1 月出版）——编者注

本身和本质上。也是此时,理想再次被人察觉。可以说,19 世纪的特征就是对理想的一系列思考。歌德在《浮士德》和《威廉·麦斯特》中描绘理想,叔本华也言:"执酒神杖者多,巴库斯信徒则少。"其中的酒神杖即手段,信徒即文化,叔本华此言意在号召回归希腊。其实,叔本华在学习希腊文化的同时也在探求东方文化的奥义,可惜未能得志便撒手西去。不过这样也没什么不好,虽然他未能如愿,但他早已清楚自己追求的究竟是什么。

也有数学家写论文证明了探究自身理想的可行性,譬如黎曼[1]。我希望数学史的研究者能多学学黎曼精神。在伽利略时期,理性不过是打破观念论的手段,但接下来的精神灵魂在于追求永恒的理想。从前述的牛顿之言可见,秉持谦虚的态度才能看见理想所在。

理性和理想的差别在于,人可以活在理想中,却无法生存在理性里。孔子在《论语》中提到了学习境界的提升:"知之者不如好之者,好之者不如乐之者。"其中的"乐"指沉迷于学问忘乎所以的状态。孔子认为自己未能达到"乐"的境界,仅止步于"好",但弟子颜回的学习境界却偶能飞升至"乐"。

第二次世界大战爆发初期,我认为日本会因战而亡,因此两

---

1 黎曼:1826—1866,德国著名的数学家,开创了黎曼几何,为后来爱因斯坦的广义相对论提供了数学基础。——译者注

耳不闻窗外事，只管埋头做学问。那段时期，我竟有幸升至"乐"
的境界。至于写不写论文，我已经全然不在乎。虽然此举乃受环境
所迫，但孔子都无法轻易达到的境界为何我却能轻松进入？这是
因为学问自身也在不断进化。孔子时期的学问缺少知性的自主性，
所以即便孔子想与学问做伴，也只能停留在梦想之中。

情操与智力之光

我认为无论是理想还是理想所指的真善美，都不属于理性世
界，它们只是与我们的世界存在联系，并能让我们获得一种实在
感。借用芥川龙之介的"永恒之影"（悠久なものの影）一词来形
容，可谓恰如其分。我也想找寻词语描绘理想的形态，可惜并无发
现。自古以来，为捕捉理想形态奉献一生的人不胜枚举。其实这
一事实恰好证明了理想的本质，即真善美的本质是实在感。对此，
我深有同感。

理想拥有惊人的吸引力，虽然无法被清晰看到，但却总能让人
感受到它的存在。这种吸引力，仿佛能使一个与母亲从未谋面的孩
子，在寻母途中很快判断出所遇之人是不是母亲。所以，理想的基

调是"怀念"的情操。用理想之眼观察，才能快速察觉自己判断、行为上的偏差。可以说，理想、理念的高度决定了品格的高度。

真善美中最容易理解的是美，美也确实存在。我常去美术馆看展览，乐于在其中寻找美的实感。有时，我也会在数学研讨会上带领学生去美术馆感受美，因为我想让他们明白艺术是数学最好的同伴。参观的时候，我总能碰上一些画作令我感受到美的存在。美近在咫尺，却无法道明，甚至无以言表。越是追求真善美，越难看透其本质。如果能让普罗大众明白这种感觉，那已是文化上的巨大飞跃。

在数学领域，为了朝理想更进一步，数学家细致打探了通往理想的入口，即加强了对自然的观察。这也是20世纪数学世界的一大特征。虽然无法断言数学的各个领域都出现了这样的变化，而且由于20世纪战争频发，数学各个领域皆未展现出十分明确的形态，但整体上确实有这样的倾向。所以，如果能在心中搭建出数学化的自然，并用知性的眼睛去观察自然，那么就可以去研究数学。能否在心中搭建数学化的自然完全依仗情操，所以不管怎么强调培养良好情操的重要性都不为过。像小学三四年级就是培养情操的最好时机。若能拥有"回归人性"（心的故乡）情操，自然能够形成鲜活的理念与理想。

作为一名数学教学工作者，我想对负责高中之前的教育工作者提出一点建议。无论何时，数学的第一属性都是"确定性"。所以若有人询问结论的确定性时，请确凿地回答是或不是。若非如此，后面的学习将无法继续，因为只有依仗结论的确定性，才能进一步探索前进。就像走路，当你迈出左脚后，身体的重量会全部落在左脚上，再迈出右脚时，重量又将完全转移到右脚上。科学的学习方法就是如此，必须一步一个脚印地踏实前行。不过能否掌握科学的学习方法与小智小慧无关，关键是道义。不成"人"，何谈学问？

在室内读书，如果光线不足，那么书上的内容也难看清楚。这里的光线，其实就是"智力"。近来，日本学生的智力之光变得十分暗淡，他们甚至不清楚自己是否弄懂了。忘记了小学学习的道义，忘记了高中老师教授的理性，智力之光怎能不暗淡？我试着用比较法去衡量近来学生智力之光的衰退程度，发现明明只要具有一般智力就能立刻完成的事情，当今学生的完成速度竟大大落后于我这个年代的人。

为了明确上文的"立刻"具体是多久，我用掐秒表的方式记录了我和朋友中谷宇吉郎的对连句用时。宇吉郎先吟"近秋灼日下，桶内存物华"（初秋や桶に生けたる残り花），我用了十秒对

出"已近夕阳斜，但闻饮水花"（西日こぼるとりむずの音）。宇吉郎继续吟上句"秋日静海深，碧霄云已远"（秋の海雲なき空に続きけり），我对出"无迹沙滩白，仰见旖旎光"（足跡もなく白砂の朝）。同样花了十秒。通过这个测试，我搞清楚了"立刻"大约为十秒。可当我们把本应立刻就可作答的问题交给学生们，没想到他们竟然需要三日之久。我反复做了几次实验，但结果始终如一。莫要觉得惊讶，实际情况就是如此。这样算起来，他们只有过去人两万七千分之一的智力。

还有一些本应一望便知的自相矛盾，现在的孩子们不经提醒竟然毫无发觉，他们的智力之光何其暗淡。可以说，知性已完全丧失。我十分担忧，长此以往，即便有人提醒，他们会不会仍然不明就里、麻木不仁？出现这个问题全拜日本教育所赐。明明尚未弄清自己是否懂了，但凡别人问起，就立马颔首表达自己已明了。也正因为如此，我才希望能改变教育的根本。

遵从自然

简单来说，生活中的我是一个遵从自然的人。在研究上，我有时是"夜晚型"的，主要在夜间思考；有时是"白天型"的，主要在白天思考。何时是"夜晚型"何时是"白天型"，关键看我自身的生理状态，并非依照季节或日子而决定。一切皆以遵从自然为第一准则。有时晚上我虽已上榻，可大脑下意识地仍在思考，甚至整夜都不觉困倦。尽管屋内漆黑一片，但意识仍然能看见思考之物，无须点灯。

目前，我正在准备第 11 篇论文。算下来平均两年左右我即可完成一篇。我一般一天可写 3 页，两年的话差不多有 2000 页。之后再从中提炼出 20 页的论文，也就是说，大约提炼出百分之一。只要符合自然规律，这个比率也没什么不好。大自然行事手笔极大，成群的青蛙卵中只有少量能受精孵化出蝌蚪。那么思虑九十，可能性或许仅为一，而最终真正可行的更是前述可能性的十分之一。因此，百分之一的比率可谓是可能性的可能性，即所谓的"希望"。也就是说，我在准备论文的两年时间里写下的稿纸，只是记录了求证自己想法可能性的过程。

再有 15 年，我应该能够完成目前课题的研究目标。今年我已 62 岁，怕是只能再干 10 年。若能在倒下前寻到后继之人交出学术接力棒自然最好，如不能遂愿，我亦不遗憾。就像夏目漱石未完成《明暗》便撒手归西，也并无不妥。这种感觉就像"雪压松枝折，断枝更凝寒"（雪の松折れ口みればなお白し）。芭蕉写这句话时，应已估料到本宗门的运数。如此想来，"更"的意思便愈发好理解了。同样在数学史上，也没有人在世时就寻得后继之人交出学术接力棒的先例。这样想来，数学是一种跨越时代的研究。

有人认为数学同语言学相似。寺田寅彦先生曾说数学就是语言学，可我不认同这种想法。寺田先生会这么想，可能是没教授过数学。如果数学等同于语言学，那么数学就非必要之物。数学的关键在于自身的发展。只因数学扎根于人性的本质，所以才能长存 6000 年。

更令人意外的是，竟还有人认为数学与物理相似。若以职业作比，与数学最为接近的职业是农民。农民的工作主要是播种培育，使"无"变"有"。数学家能做的只是挑选种子，之后仅是旁观种子的成长。因而可言，种子的成长力量完全来源其本身。与此不同，理论物理学家反而更像专业的工匠。工匠主要负责组装人造材料，擅长加工。20 世纪 20 年代，在爱因斯坦和尼尔斯·玻尔[1]相继获得诺贝尔物理学奖后，理论物理得到迅速发展。1945 年，理论物理进入迅猛发展期尚不足 30 年，而原子弹已被成功研制并投放到了广岛。如此粗暴的工作只有工匠才能完成，普通农民实在力所难及。在不到 30 年的时间里，人类究竟能弄清什么？原子弹不明就里地被研制，稀里糊涂地被投放，投放原子弹的人又何曾清楚自己做了什么。

最后还想说一点。二战结束后，日本十几岁和二十几岁的女性在容貌上有着明显的变化。我认为她们代表了接受新教育后的面孔。不过，战后仅仅十余年的时间，变化为何如此迅速？就像孩子模仿母亲的表情一般，这定是"情绪中心"作用的结果。没想到情绪中心竟拥有如此惊人的力量。

情绪中心一旦失衡，不仅人心会腐败，社会及文化水平也会顷刻坍塌。日本本是一个充满四季风情的国家，可如今春天不见蝴蝶轻舞，夏日不见萤火流光。你不会不明白其中的严重性，这一切都是使用了农药的缘故。可我们要那些喷了农药后飞速

1　尼尔斯·玻尔：1885—1962，丹麦物理学家。曾获丹麦皇家科学文学院金质奖章，1922 年获得诺贝尔物理学奖。——译者注

生长的卷心菜干什么？开满紫花地丁，蝴蝶翩然飞舞的原野才是大自然的容颜。我希望大家能明白"情绪中心"就是人类真实的容颜，我们决不能任其遭到破坏。这也是我内心最殷切的祈愿。

第二章
情绪与认知

日本人与直观

一位研究日本文化史的英国学者曾言："阳明学推动了日本的明治维新。"世人皆以为日本师从中国习得阳明学思想，但我认为这种思想早在古时日本就已存在。"知行合一"即阳明学的核心精髓。明治维新的成功便是得益于知行合一的践行。自古以来，日本人皆是听任"情绪中心"指挥，将知付诸于行。日本人的这种行为可谓天性使然，并不需要外界的强制要求。因而，知或所谓直观的内容十分重要。

直观乃天赋智慧，但非万能。行住坐卧等日常生活中处处在践行直观。

人的直观可分三种。第一种直观可给予人实在感和肯定感，或许可以借用"平等性智"一词描述。人能自明、感知冷暖皆基于第一种直观的作用。第一种直观十分近似于平日所说的直觉，但也不完全是直觉。发现并改正错误也是第一种直观的作用，因而信念从中诞生。无信念不可谓人。若无信念，则"如涸辙之鲋，是非不分，善恶不辨"。撕掉外衣，无信念之人同精神病患者又有何区别，行事迂傻不明就里，不过假装正常人而已。

要让第一种直观充分发挥作用，多会消耗巨大的能量。剑道中集中精神的训练，锻炼的就是第一种直观。

第二种直观是辨识力，比如辨识俳句连歌的调子是否优美，再如辨识紫花地丁花的好坏，都基于这种直观的作用。正因为这种直观，人间方存真善美。学问和艺术亦都是基于这种辨识能力而存的。文化世界里的东西不尽相同，而这种能力让我们可以分辨好坏。

有一位哲学家说，只有时空具有先验观念性。但世界上一定至少有一种东西是具有真正价值，且非先验观念性的。有人说经济学家符合该条件，哲学家不符合。我也有同感。

论及第三种直观前，请您先起身站立。无论速度是快是慢，起身站立的动作都是由全身四百多块肌肉瞬间统一协作完成的。光是这一现象就足以令人感到不可思议。而触发起身站立这一动作的正是想要站起来的意识。这就是我们所说的"自在现，自在观"，即只有在无意识行为发生之后，我们才会意识到其中的直观。同理，人只有反思自己的言行，方能发现这种直观的存在。因此，有时人的行为体现的是善意，而言语中却掺杂了一些恶意，但自己却未发觉，这种情况十分危险。为何一定要先培养第一种和第二种直观后，再引入第三种呢?

第三种直观在自然界中也普遍存在，令法布尔赞叹不已的昆虫的本能亦源于此。这种直观也能让人区分"作为观察者的自我"和"作为观察对象的自我"。如果没有第三种直观，人就无法观察自我、批判自我。同时，将意识、观念转化为行动的，也是第三种直观。

一刀流的精髓"梦想剑"，由一刀流的开山始祖伊藤一刀斋传于神子上典膳，后在山冈铁舟手上失传。铁舟在悟得梦想剑前，有长达十几年的时间，不但赢不了浅利又七郎老师，还一直处在又七郎的阴影之下，这令铁舟内心十分痛苦。有一日，铁舟在沿河堤散步时突然顿悟，同时脑海中又七郎的身影也烟消云散。于是他马上找又七郎比试。比试刚开始，又七郎摆出架势后立马扔掉手中竹刀说："山冈，你这就是始祖的梦想剑，我真为你感到开心。"随即写下"免许"卷轴赠予山冈。此时，铁舟本人只是觉得自己心绪清明，但又七郎却能辨出铁舟的状态就是一刀流的"梦想剑"，所以立马弃刀。这可以说是第三种直观的极端例子。即铁舟的第三种直观，使得又七郎产生了相应行为，并呈现在了铁舟本人面前。

如果能理解第三种直观，自然会选择铁舟般的生活方式。我认为自古时起，日本人就十分清楚第三种直观的作用。夏目漱石认为文学如同冲泡藕粉茶，起初搅拌顺滑，后面渐趋凝固不易搅拌。而这一刻，也是文学的开始。

对于想悉心经营生活的人，人生的道路并不平坦。随着第三种直观发挥作用，人会洞察到各种各样的问题，并且在问题解决之前，难有十足的把握相信自己能解决问题。一刀斋曾说："比试之前，我并不知道自己能赢。"所谓吉人天相，指人在举手投足之间都已认真对待，没有丝毫草率与疏忽，以此求得万事大吉，而非依靠神明的力量。

真正的智力是上述三种直观的融合体，但世人习惯将第一种直观当作人的智力。如果把真正的智力称为"真智"，那么真智受到污染后可以称为"妄智"，若"妄智"再遭受污染，则可称为"邪智"。

仅擦去最外层的灰尘，内侧置之不理，真智仍难以显现。如同被氧化的铅，表面整洁不见锈迹，但仍毫无光泽。这就是妄智。妄智至多也只能感知到高人在场与不在场的不同。中学时，常有人鼓励我，让我成为一个有存在感的人。何谓有存在感？即"人们会发觉你的缺席"。这正好也是我上面想表达的。

世间伯乐并不多，辨识眼前之物的好坏也并没有看上去那么容易。只有清除观念上的"尘垢"，才能做出真正的判断吧。

对我个人而言，诵念佛经确实会有效果，我的身心都会随着唱诵佛经变得轻快。

其实这种"神奇"的力量并非源于佛经，只是人本来的面目而已。只不过当人的认知出现问题后，心智便沾染尘垢，难见真身。

日本式情绪

初来日本的人似乎不太了解日本，我想就此来说明一番。在日本，善行并不会伴随功利性。比如，橘媛命断然跳进大海，菟道稚郎子毅然自杀，楠正行一行人化作四条畷的花飘散而去。

正如和歌中所唱："秋色润原野，白露凝芒端。风拂真珠散，流光罗玉盘。"（白露に風の吹きしく秋の野はつらぬきとめぬ玉ぞ散りける）如果一个国家的历史的线索被切断，那么穿在历史上的熠熠发光的宝珠也会四散而落。这着实令人惋惜。不管历史如何发展，都不应切断历史的脉络。日本早期，人们的内心都藏有令人怀念的共同过往，并因此彼此惺惺相惜。这是一个多么幸福的国度，出生在拥有这样美妙历史的国家是多么令人开心。所谓历史的美，正在于此。

前面举的例子都关乎死亡，但日本人的善行并非只能以死亡来表现。我有一朋友名松原，我们一同从三高毕业后升入京都大学数学系学习。二年级时，听教授几何的西内老师介绍了亥姆霍兹[1]、李[2]的自由度相关理论后，我十分激动。（当时西内老师说："第一个吃螃蟹的人堪称勇士，李就是勇士。"）于是，我决定阅读由李主编的《变换群理论》。《变换群理论》德文版总共三册，每册六七百页。为了学习《变换群理论》，我常把书夹在腋下逃课去大学图书馆。这样做是因为我十分喜欢图书馆的学习氛围。回教室的途中，我常在某个地方遇到松原。每次我都会喊他的名字："松原！"他也会爽朗大声地回应我："唉！"

临近毕业，松原仅剩一门微分几何考试。可他竟记错了考试日期，第二天才来。当时我已是讲师，听闻此事后希望出题的同事能为松原安排一次补考。可惜同事说学校规定补考须得到教学委员会的批准，因此最终没有采纳我的提议。松原知道后说：

"这门课程，我从未旷课过。（意思是每堂课都在认真听讲做笔记。）而且，考试前我已经做了充足的准备。该做的我都做了，学

---

1 亥姆霍兹：1821—1894，德国生物物理学家、数学家。"能量守恒定律"的创立者。——译者注

2 李：马里乌斯·索菲斯·李，1842—1899，挪威数学家。李群和李代数的创始人。——译者注

校的规定如何，和我已经没有关系了。"

之后，松原离校回家了。自然，他未能获得毕业证书。

松原的处事真可谓有条不紊，与之相比，自己实难企及。此后，我曾数次忆起友人松原，每次都忍不住感慨自身的愚钝。

当时没拿到毕业证是很难继续数学研究的。松原自此一别，杳无音信。不过据说松原家是捕鱼大户，兴许他回老家捕鱼去了。

宫泽贤治说："愿作凡人。"（サウイフモノニワタシハナリタイ）日本这个国家的人根本不在乎自己是否属于社会底层。这并非受环境所迫不得已而为之，而是他们毫不在意，所作所为皆顺其自然。日本先贤留下了下面的话：

"行佛之去就，是若果然令其行佛，佛则被行也。"（行仏の去就、これ果然として仏を行ぜしむるに、仏すなわち行ぜしむるに）

"学在于常。临席，则文台于我间不容发。即述所思，至此无迷茫之念。文台撤去，即成废纸一张。"（学ぶことは常にあり、席に臨んで文台と我との間に髪を入れず。思うこと速かにいい出て、ここに至りてまよう念なし。文台引き下せば即ち反故なり）

中国孔子学说中的善行，我理解为"在恰当的时刻去实现某种行为"。表面上看，中日两国的善行之意相差甚远，但实际上两者的关系只不过如同原因与结果。日本的善行为何会表现为孔子所言善行的结果呢？这是因为如果人能超越个人私欲，其行为自然会听任大自然纯粹直观的指引，这绝非什么错事。

从实践的方面来看，日本的善行其实也简单易行，并非通晓森罗万象之人的专属行为。

这类情况，可以用下面这些俗语来表达：

"吉人自有天相。"（正直の頭に神宿る）

"心存正气，无惧神明。"（目に見えぬ神に向いて恥じざるは人の心のまこととなりけり）（明治天皇）

此外，中国还有句古话："大德无问生死。"（大徳は生死を生死にまかす）亦言于此。

也许明治天皇那句话仅言及自身，那么不妨再来看看漱石先生之言：

"明君安盛世，闲寂任我行。"（聖天子上にある野ののどがなる）

"武蔵相摸外，乡间阳春情。"（武蔵相模山なきくにの小春かな）

"若得来生缘，原作紫堇生。"（菫ほどの小さな人に生れたし）

这田园美景，就像中国尧舜时期的理想世界。只叹美景因明治时期的军国主义毁于一旦。

再回到善行的话题。法国的纪德[1]认为善行是"不求回报之举"。表面上看，这与日本的善行相差无几，但实际上却差之千里。日本所言之善行是"完全没有功利念头的行为"，根本不会去判断"是否有回报"。

这种纯粹行为的驱动力，是日本人心中的纯粹直观。古时，日本称纯粹直观为真智，也可将其称为智力。智力之光通常是按着感觉、知性、情绪的顺序由外向内投射。只是大多数人的智力之光很难层层渗透至最里侧的情绪，就像阳光无法照亮深海。情绪无法被智力之光照亮，其存在感和被认可程度必然减弱，从而使得人只看到身边的花花世界，却看不到或无法面对自己的内心。如此一来，人自然成为了物质主义的拥护者，只关注金钱和权力等个人私欲，十分厌烦谈及情绪。

人的心智会被两种脏污观念污染。若外侧被污染，则可以称为"邪智"或"世俗智"。若内侧被污染，则可称为"妄智"，亦可称"分别智"。

---

1 纪德：1869—1951，法国著名作家。1947年获诺贝尔文学奖。主要作品有小说《田园交响曲》《伪币制造者》等，散文诗集《人间食粮》等。——译者注

假设牙齿或胃感到针扎般的疼痛，且之后痛感持续不断，到最后就变成"我的胃疼得受不了了"。其中会感知到痛的主体是"我"，痛的程度是"受不了"。这种"完全自我"的感知方式，一旦形成便会成为习惯，从而一叶障目不见泰山。大多数人都习惯用"完全自我"的方式来看世界，所谓人心难测，正源于此。眼里只能看到他人的缺点、不接受任何针对自己的不公平、参与公共活动时毫无耐心，这是大众心理的永恒特性。除此之外，还有坚信犯错误的永远不是自己而是别人。这种感知方式带来的恶习真是罄竹难书。

下面谈一谈妄智。我在三高一年级时，解决了林鹤一写的"不等式"问题后，发现序言中写道："不等式是分辨人脑智愚最好的工具。"我虽然能很快理解大小关系，却无法清晰判断出哪边大哪边小。在方位上我也存在同样的问题，虽然了解方位体系，却搞不清哪边是东哪边是西。逛街时从一家商铺出来后，我常常会又向来时的方向走去。舍去具体的细节部分，仅仅研究问题整体，思想的脚步意外变得轻松，所有的问题都变得不再困难。真是奇怪，我常在想是不是我天生就比别人笨一点？后来才发现，我舍弃的正是妄智、分别智。

大学三年级时，有一日中午我在教室一边吃便当一边和同学讨论问题。最后，我感叹道："真希望数学研究不用计算也不需要逻辑。"

旁边突然有人大声讥讽："那样的数学也太不伦不类了！"这着实吓了我一跳。因为老师的食堂正好在隔壁，我不想惊扰他们，故没和他理论，但之后我常因此受人嘲笑讥讽。其实计算与逻辑都属于妄智。我就算认真计算，至多也只能掰着指头算，脑子里更是没有逻辑这种概念。若硬要我计算或谈逻辑，就不得不中断大脑运转中的思考意识，可中断思考乃数学的大忌。数学的本质绝不在于计算和逻辑。

若能摆脱这种妄智，心自然变得轻盈宽广，宛如白纸。这种感觉就像长居井底的青蛙第一次来到地面的心情。

"夏日雨蛙鸣，春日芥花金。"（夏蛙瀬戸の菜の花咲きにけり）

我忆起在三高读书时常唱的宿舍之歌中的一句："浊流中无鱼，景美多健儿。"（それ濁流に魚住まず、秀麗の地に健児あり）简简单单的一句和歌将日本式情绪表现得淋漓尽致。我在奈良女子大学有一间自己的研究室，因为没有接受国家资助，所以没有什么硬性规定。我这间研究室只自定了一个要求，即"勿将尘俗习气带入研究室"。也多亏此规定，研究室的空气才格外自然清新。身处研究室旁观人世，虽能看清世间万象，但无法明悉世间有多污浊。

最近我时常外出巡讲，因而不得不沾染世间的尘俗习气。这让我切身体会到世间的污浊绝非单纯的词语，它令我身心俱疲。前面说真智之光是按照感觉、知性和情绪的顺序依次由外及内投射，越是里面越难接收到真智之光。假设日本每六十人中就有一位真正的精神病患者。在旁人看来，精神病患者是懵懂无知的，因为他们不曾用心智观察外界事物，真智之光实难点亮他们的感觉。照这么看，日本精神病患者的实际人数怕是要增加十倍。因为不管接受什么教育，知性未能被真智之光点亮的人，其实就是刷了一层保护色的精神病人。也就是说，日本每六人中至少有一个精神病患者。如果再严苛些，以真智之光未能渗入情绪作为精神病患者的判断条件，只怕日本会出现每六人中有十个精神病人的奇怪比率。此处我并未想解释这个比率的计算，因为数学尚无法说明这种问题，但我希望日本的当政者能窥察到目前的情况。借此机会我希望让更多人知道，"动物性"是滋养"残忍"病毒的温床，也是当下最令人担心的问题。

前述的日本人的善行，实则源自大自然赋予人类情感上的纯粹直观。自古以来，日本人就是依着这种纯粹直观行善的。从其他国家来日本的人，只要时刻留心这种纯粹直观，也可拥有那种纯洁美好的情绪。切忌因为自己无法做到，就草率判定他人也必定无法做到。只要智力之光能照亮人的内心情感，何愁得不到令自己满意的成果呢。

善行是抛弃了"分别智"的行为。我祖父似乎深谙此道，自我 4 岁起开始便教导我"先人后己"的道义，直至他去世。从小，我的父亲便意欲培养我做学者，故在我中学寄宿前，一概不让我过手金钱方面的事宜。因而时至今日，钱于我仍乃身外物。不得不说年长于我们的人更清楚善行的特征，为了让我们易施善而在家庭教育中煞费苦心。日本这个国家的可贵之处正是鼓励顺其自然，不需要哲学理论，所以日本自然也没有哲学。只要善行不断，施善者的情绪自然会变得美好，也能知晓和体贴他人情感，从而继续施善。这也正是日本国自古以来的国民特性。因为有此特性，才出现了日本式情绪。它不会因时间的流逝而消逝，就像春日田野中有紫云英、蒲公英和紫花地丁，但想让紫花地丁立刻变成紫云英是不可能的。

日本式情绪是日本的核心思想，外在的教育和政治其实都是配合日本式情绪而制定的。日本人担负着继承并发扬先人传下来的美好情绪的使命，所以当下日本的教育尤其是义务教育堪称重中之重。

国家有推行义务教育的责任。如果持续推行了 30 年的义务教育以失败告终，只怕日本这个国家已离灭亡不远。谈及该问题，日本实施新学制已有 10 年，最初接受义务教育的学生也陆续毕业，但结果实在令人哀叹。那些学生甚至连面容上都露出了"动物性"，大自然赋予他们的纯粹直观仿佛坠入了深海，变得黯淡无光。我之前在《每日新闻》上连载的《春夜十话》中也曾提过，战后女性的平均初潮年龄较战前提早了三年。可以认为，这是将"人是人"，也就是"道义"遗忘的结果。真正的义务教育不正是教授"道义"，让人成为真正的人吗？对义务教育而言，这个目标已经足够。

当下日本的义务教育仿佛身患胃癌的患者，不到最后阶段，非常难确诊。若想根治，只能马上剖腹做切除手术，秉承"无病灶残存"的原理，对"人""学科"以及"方法"实施清扫。因此，当务之急就是要清除具有"动物性"的教育者，教育工作者决不能有一丝一毫的斗争性和残忍性。师生之间应互敬互爱，对大自然之子毫无敬畏之心的人没有资格担任小学老师。总之，不能让那些不尊重儿童的人从事教育和学科研究。大家不要觉得我在危言耸听，目前日本的教育问题已不容小觑。

最近常听人提及"塑造人"（人づくり）一词，这令我开始反思人类的虔敬。儿童教育的老师应是大自然，人类不过是大自然的助手而已。动辄谈"塑造人",人类是不是过于自负了?

那么,眼下该如何整改日本教育?既然千万次的经验之中可探索出科学,与其摸黑前行,不如学习日本战前的教育模式,但请务必剔除军国主义时期的教育。早些时,有位小学老师问我:"从前我一直用演绎法教算术课,但听说现在必须用归纳法,对吗?"我这一代人,无论是我还是中谷宇吉郎、汤川秀树、朝永振一郎等人,学习算术用的都非归纳法。不过老师常常要求我们验算。我认为,数学教育最好能重返这一时期。

要想阻止"动物性"对人性的侵入,净化情绪乃当务之急。另外还应提醒自己多体谅他人,不吝啬赞美他人,培养怀念等情操,并且树立正义与羞耻心。

建校选址时,不单要考虑朝向,更要留心周边的风景,当然重中之重还是教育者的内在情感。义务教育是国家针对适龄儿童的强制性措施,根据"作用力与反作用力总是相等"的力学法则,父母、兄长和祖父母等监护人也应拥有了解、监督义务教育者情况的权利。既然日本是个主权在民的国家,就应将这种了解、监督义务教育者的权利写入法律。

当代日本教育之下,人人都以追求自身幸福为最高目标。因为人生的目标即追求个人幸福,"道义"则往往容易被忽略。可当下日本的教育正在做着可怕的事情，仅仅教孩子怎么做不会被讨厌以及基本的谋生技能，这和驯狗有何区别？说到底，个人的幸福变成"动物性"获得满足。出生60天左右的婴孩已具备"观察"与"判断"两种认知方式。"观察"是人认知环境的本能。人们往往都会错将这种本能视为真正的自我。因此在日本，自古以来大多数人都在说要以此为戒。总之，日本现在的教育实在令我揪心不已。

我所接受的道义教育

我出生于1901年，正值日俄战争爆发前夕，世界局势剑拔弩张。后来，日本取得日俄战争胜利，进入了一个相对和缓的时期。紧接着爆发了"九一八"事变、日本侵华战争和太平洋战争，最终日本战败，美军入驻日本。对于日本来说，这段时期可以说是动荡不安的六十余年。

好在日本的社会秩序得以保留，这多亏了道义心的维护。有人认为维护社会秩序主要靠法律，我认为有这种想法的人毫无责任心。法网疏宽难免有漏网之鱼，但道义心犹如秋茶密网，令人无处可逃。构建安定的生活环境，靠的不是我们去相信每个人都会承担起法律责任，而是我们相信每个人都会承担道义的责任。这是我个人的看法，也不知大家的想法如何。

说起义务教育必须做的事情，其中之一就是让孩子了解道义的感觉吧。若社会教育和家庭教育能从旁辅助，学校教育必能事半功倍。但眼下日本的社会教育和家庭教育不仅没能起到辅助的作用，甚至阻碍了学校教育的实施。道义教育行之不易，但势在必行。

前面已提过，我从 4 岁开始接受祖父"先人后己"的道义教育。其实 4 岁已能区分自我和他人，正是教授道义本质的最佳起始年龄。祖父的做法完全符合自然生长规律。我中学四年级时，祖父驾鹤西去。在此之前的十几年里，他一直不厌其烦地教导我做人应"先人后己"。祖父生前曾倾囊捐助修建一条通往邻街的路，后来有人在桥本市中心为他立了颂德碑。祖父言传身教，令我受益匪浅。

我的父亲虽没有直接对我晓以道义，但也间接地为我种下了道义的种子。从幼时起，父亲就希望我长大能成为一名学者，所以一概不让我经手金钱事宜。假如我需要什么，只要向父亲说明原因，他就会替我买回来。托父亲的福，我从未因经济问题头疼过，这一点对做学问来说十分有利。学者真正追求的是内心的自由，并非经济待遇。越在意经济待遇问题，就越没心思做研究，内心也会感到拘束不自由。多亏父亲，让我彻底摆脱了经济方面的问题。

受祖母的影响，我十分喜爱花。我的人生也因花变得绚丽多姿。

我的母亲像所有的母亲一样，深爱着自己的孩子。但是祖父一直教导我要先人后己，所以我觉得母亲的爱是自私的，为此我还冲撞过母亲惹她伤心。

很多人都认为我最大的特点是喜欢深思研究，比如我那年已耄耋的叔父。叔父还说："你那喜好思考研究的习惯是我培养的。"这一点倒是不好判断真伪。但倘若叔父所言属实，那我这思考的能力乃非天生的了，而是受叔父启发形成的。

照这样说，我的性格很大程度上是源自父母和祖父母的培养，同时也正好证明了人之本性形成于幼年时期的环境。

道义之本在于理解他人之悲戚。人从 4 岁起方能区分自我和他人，但想理解他人的情感，尤其是他人的悲伤之情，绝非易事。所以我们在 6 岁前，只知道当别人开心时该怎么做，却搞不清在别人悲伤时不能做什么。因为人至少要到 20 岁之后才能理解"悲他人之悲"。法语中有句谚语："Cet âge est sans pitié。"意思是"这个年纪，无法共情"，常用来形容十几岁的青少年。目前的医学研究尚不能指出人的共情能力形成于何时，但从日语中没有类似谚语这一点来看，日本这方面的观察可能已落后于法国。

旧时，日本 20 岁左右的人应就读于旧制高校，即现在的大学。20 岁左右是道义培养的尾声时期。如果学生没能进入大学接受道义教育，社会和家庭则应承担起这个重任，帮助他们完善道义修养。旧时的高等学校不仅有助于我们寻求理想，同时也培养完善了我们的道义。我们那一代的学生中，道义中的正义之举尤为常见，比如在车中给长辈让座，非可怜他人之故，而是源自内心正义感的冲动。即便现在我们那一代人已不年轻，但仍有很多人会为正义发声。

芥川龙之介曾批判日本社会正义感的缺失，并呼吁要寻回正义感。芥川的批判和呼吁多少旁证了过去那个年代世间曾充满了正义感的事实。

丧失了正义感的社会必是腐败的。社会腐败又是多么可怕的事情。

绘画教育

.

我主要从事数学研究工作，但也稍涉足教育。日本教育中的某些现象令我十分担忧。今天我想提醒大家，儿童绘画教育十分重要，请认真对待，莫敷衍了事。

一般情况下，周五我都会去京都大学的研究生院指导年轻的数学家做研究。前几天去的时候，我发现街道上人声鼎沸。问了旁边的人，说是苏联宇航员加加林要来了，或者可能已经来了。总之，整条街上沸反盈天。我不喜嘈杂，幸好那日天气不错，于是改变主意去了位于七条的博物馆。恰逢博物馆的新藏品展览，本只打算走马观花地随便看看，没曾想碰到了一幅色相俱佳的花鸟画。那是一幅中国宋朝时期的画作，画上只有白色的山茶花和一只鸟，但却处处透露出灵动，让我甚是喜爱。寺田先生在高中时曾问夏目漱石俳句究竟是什么，漱石答："俳句即如'林间何人家，星火共幽闲'（しぐるるや黒木つむ屋の窓明り）。"漱石的回答实在精辟。

欣赏画作令人赏心悦目。时代的光景都清晰地留在了这些美术作品上。欣赏画作就像是回溯漫长的时代，去看当年的景象。

我在电视上听加加林说："地球人口的快速增长导致地球变得越来越拥挤，好在不久的将来人类就能移居外星球了。"其实人们坚信空间存在，只是因为空间是可见的。过去人们坚信存在物理学性的空间，但第一次世界大战结束前夕，爱因斯坦否定了这一点。当今的科学认为不存在物理学意义上的空间，只存在维度空间。至于是否存在数学性的空间，这个问题暂未有定论，仍在研究之中。1937 年，德国的一位数学家发表论文，论证了数学空间的存在。可惜当时正值战乱，鲜有学者关注，直到战争结束才重新受到重视。日本有一位数学家十分关注这一领域，他常常跪在铺满了演算纸的地板上研究上面密密麻麻的符号。数学家秋月康夫十分欣赏他，曾对我说："冈君，那才是数学，和逻辑无关。"既然他能得到秋月康夫这样的评价，想必他的研究必然有一定意义。据说他已证得数学上存在空间，我个人也是倾向于相信存在数学空间的。

这样看来，空间似乎并不是多么可靠的东西。空间中呈现出的由恒星、行星构成的宇宙结构，与其说它是科学，不如说它更像一幅画。究竟宇宙中除地球外是否还有存在生命的星球呢？有苏联研究者称，除地球外应该有一两个存在生命的星球，但其他国家的研究者尚未发表相关言论。空间本就是未知的奇怪东西，在尚未弄清是否可以在地球以外的星球居住之前，科学家不应该说出当地球变得拥挤就移居去其他星球的话。当时在苏联，加加林的拥护者非常多，从他嘴里说出的话自然会受到关注。宇宙时代说的就是那个时期的事情。

自古以来，人都在追问物质究竟是什么。以前的人将物质视为一种不可知、也不会消失的东西——"以太"。后来，以太的说法从研究领域消失了，但维度空间的构想又取而代之。这种构想不仅超越了当前物理学的范畴，甚至也超越了数学。研究总能在不同阶段发现一些似乎可以信赖的东西，但永恒可以信赖的东西，似乎并不存在。

说到不可信赖，美也是如此。如果以最美的东西举例，男子会认为最美的是女子的容颜，而对女子而言，却可能认为是男子的面容。女子怎样的容貌才能被称为美？奈良时代以女子圆脸为美，平安时代却喜鹅蛋脸，到了镰仓时代又重回圆脸至上的审美，后面的德川时代又变回以鹅蛋脸为美。美没有统一的标准，就像日本的提灯，时而以长为美，时而以短为美。

明治时期，人人都向往维纳斯的美。但大正时期，备受推崇的却是好莱坞女星的面容。可见，战后美的标准仍在不断变化。究竟何为美，着实不易理解。

美并不是实际存在的东西。当我们感受美时，是我们的情绪在发挥作用。有一日，我在奈良公园沿着"私语小径"散步后，走到马路上竟丝毫不再介意卡车和巴士发出的噪声。汽车发出噪声是客观事实，但是否嫌它嘈杂全在于我们个人。

言及情绪，自然会联想起绘画。绘画教育当大胆去实施，但也要知道，绘画教育中的责任也非常沉重。一般来说，感情失衡多因情操教育出了问题。

感情就像大海，上面波涛汹涌的是情绪，下面波澜不惊的是情操。虽然我们习惯统称为情绪、情操，但实际上并不能一概而论。日本大和民族有大和民族式的情绪流动，每个人也都有自己的情绪流动。情绪就是指这种流动的曲线。就像每只麻雀都有自己的起飞方式，任何一只的起飞曲线都是独一无二的。所以说，顺其自然就好，我们可以将其称为心情上的美。有些商品不讨喜，是因为它无法与人的情绪曲线相匹配。能够匹配人的情绪曲线的东西，就能让人心情好，也就可以视为心情上的美。

最后，我想来谈一谈数学，只怕大多数人根本不知道数学究竟是什么。庞加莱认为数学本质在于和谐精神。庞加莱去世后不久，第一次世界大战就爆发了，和谐的精神荡然无存。第二次世界大战后，情况更加严峻。虽然高校数量不断增多，数学论文的数量也不断攀升，但那些论文就是废纸，言之无物。庞加莱之后，渴望探知数学本质的人越来越少，但我们必须努力更深一步地感悟和谐，这可以通过艺术欣赏来实现。虽然艺术和数学表面上看是八竿子也打不着的学科，但它们的目的其实殊途同归。比如说文艺复兴时期的画作表现出大量探索和写实的精神，这不正是伽利略推翻亚里士多德学派的关键吗？不清楚艺术和学问之间的关系，则难在数学上有所发现。近来常说振兴科学，但丧失情操谈何振兴。

现在的状况虽令人沮丧，但我只要忆起童年，内心便充满愉悦之情。不管是站在画板前还是单手扶着画板画画，都是我年少时美好的回忆。若老师本身热爱绘画，那体验更是痛快。升入高中后，我仍留有自由绘画的时间。扔掉制图工具，用木炭画一幅希腊石膏像素描的感觉也非常不错。只叹不久后战争爆发，我再也没能享受此般美好的时间。

近来我十分怀念画画的美好。去年夏天，我想去药师寺写生，于是买了画架等，但夏天一过，光线变弱，便提不起画画的兴致。今年也是忙着汇总某研究成果，完全抽不开身。真希望明年夏天能去痛痛快快地写生一场。

最担心的事

我在《每日新闻》上连载《春夜十话》后，有人直接找到我，当面向我表达自己的感想，也有很多读者寄来信件，并在信中表达对我想法的认可。

其中，仅有一封劳动者的来信表达了他对日本这个国家深深的担忧。除此之外的大部分来信，恕我直言都是在玩观念游戏。当下世态中令我最为忧虑的是，真正需要人们忧心的地方并未受到关注。可大部分的来信都未提及忧虑，只把我说的话当作观念游戏，然后像小狗跟着大狗屁股后面玩耍一样附和我。收到这样的来信，我意识到我须加强自我反省。

大家越是愿意听我的想法、看我的书，我内心的压力就越大，甚至每天一睁眼就感到惴惴不安。或许这种不安就是理性的一种呈现吧。倘若撤去内心的不安、忧虑和疑惑，理性的思考就变成了观念游戏。近来日本著书出版之风盛行，看来观念游戏已然开始。

真正需要人们关注的事情却无人过问，这一趋势愈演愈烈。尽管我反复强调当下这一现象令我深感不安，可大家也只把我说的东西当作趣事听听而已，根本不理解我如何不安、为何不安。因此，无论我如何去强调、去嘶喊，最终只不过算是埋下了一颗观念游戏的种子。我已束手无策，只能寄望于没给我写信的人当中能有人理解我的苦心。

有三名学生读过《春夜十话》后直接找上了门。其中一名学生说自己初中学哲学，高中转学科学了。我有些意外，反问他哲学是什么？他缄口不言。或许现在的年轻人碰到对自己不利的问题时都会三缄其口。我想有可能是中学老师以增长学生批判精神之名让学生们参与讨论时，用到了哲学一词吧。所以即使找到了我，他们也时刻绷着批判精神的弦，来与我对话。

其中还有一位落榜重考生，他说计划考上大学后每月都要写一篇论文，希望到时候我能替他检查校正。现在的学生太自以为是，一点儿也不谦卑。这样的人只怕都听不懂别人在说什么，最多也只能和同等知识水平或水平低于自己的人对话。一旦超出自己的认知范畴，怕是早已堕入云雾。秉承谦虚的精神正是教育的根本理念之一。骄傲自大的态度必定招致每况愈下，谈何更进一步。

眼下日本的教育着实令我焦虑不已。倘若形势再严重些，大家也许就能意识到教育出了问题，但那时候却为时已晚。现在日本的教育实在荒唐，这全是美国驻军胡乱调整所致，比如把师范学校直接擢升两级划入大学等。埋下恶种的是美国驻军，但最终堕入因果恶性泥沼之中吃到苦果的却是日本人。经历如此背离原则之事，日本尚能维持目前的状态，这全仗日本社会重情操之故。倘若此等事情发生在欧美等原则至上的重意志的国家，结果必定惨不忍睹。可谁又能保证日本将来不会江河日下呢？

我女儿在学艺大学读书，我从她那了解到教育学专业的学生情况非常糟糕。学生上的全是"××教育学"的课，不仅要求出勤还要考试。为了应付考试，学生只能死记硬背那些枯燥知识。整天上课或开研讨会，他们无法自主学习。如此已然偏离正道，理性不再理性，如同氧化后的铅黯淡无光。

这样的人去当老师，学生也只能近墨者黑。尚在义务教育年龄段的孩子，被这种填鸭式的教学方式剥夺了自由玩耍的时间，最后不仅搞不清自己是否真正掌握了知识，甚至变得冷漠，丢掉了廉耻心，丧失了正义感。

最近，学生常被教导在思考问题和行动时要有集体意识，可这一行为只能加速大脑钝化。体贴他人情感、判断事物等人之本能，乃个体的基本能力，并非集体赋予。如果从一开始就让学生养成集体行动的习惯，那么一旦脱离了集体讨论的环境，他们便无法思考。而且集体活动并不能让他们更加深刻地理解知识。

所以我认为日本教育工会主张的教学方法是不对的。他们借着团体交流之名集体行动，之中还夹杂着愤怒的情绪。众所周知，人在愤怒的情况下无法做出正常判断。身为老师，决不可将这种情绪带入课堂，望老师们三思。

相貌与动物性

教育的成果，往往能够从人的相貌上反映出来。当代日本女性的相貌正飞速变化，让人感觉人类相貌中遭受到了"动物性"的大肆侵入。对比战前与战后的女校毕业生，她们的相貌风格竟大相径庭。前日我去京都时，更发现连高一学生的相貌风格也开始发生了变化。

这是否是人的一种退化？人类的命运究竟将何去何从，或许关键时刻即将来临。在爱因斯坦理论诞生仅二十余年后，理论物理学就敲开了原子弹的大门。这一行为大大超出人类的预期，堪称人类文化史上的奇谈。这不禁令人思考，这一超出预期的发现背后，可能藏匿着某种对人类的重大影响。眼下日本的世态总让我怀疑是不是原子弹爆炸导致的这种情况。这种"动物性"对人的影响并非只出现在日本。好在日本自古就是重情绪的国家，社会秩序方能暂存。倘若日本人的情绪中心也受到了侵蚀，日本还会是日本吗？

那么如何才能阻止当下日本女性相貌风格的改变呢？这一问题堪称史无前例的举国难题。容我再赘述一次，"动物性"侵入人性的危害远超其他，所以务必防范动物性的侵入。

六月，我受邀去老家附近的和歌山县九度山中学。到那后，我提议观摩课堂教学，其实是想借机观察学生的相貌风格是否有了改变。或许因为农村发展相对落后，学生的相貌风格并未被"动物性"过多地侵入。但农村的孩子比较散漫，缺乏纪律性。为了能让他们拥有人真正该有的相貌，我希望学校能够稍加规范他们的言行，教授他们与他人相处的礼仪。之后有一段时间，脑海中常常浮现出这些孩子们的脸庞，导致我无法思考研究数学。每次努力想忘记他们的模样，却都以打瞌睡告终。

虽然这些学生并未受到"动物性"的严重侵蚀，但他们散漫粗俗的言行也令我很是头疼。礼仪是社会秩序的根本。虽然尊敬他人是社会化交往的基本准则，但在尊敬的基础上，我们还需要礼仪。学生尊敬老师，老师也应礼待学生。

可如今现代人的礼仪意识似乎越来越薄弱。我上一堂课要两小时，课间休息时，新入学的学生竟不懂应替我擦黑板。

松尾芭蕉的门人曾吟："旧梅换新装，却嗅新香来。"（衣装して梅改める匂いかな）可以说，人内心的约束也是礼仪的一部分。人类习惯脱离礼仪后的散漫，正是"动物性"入侵人性的过程。

三河岛事故与教育

三河岛事故后，大家纷纷反思事故发生的原因，并总结经验教训。但可笑的是，三河岛事故发生的根本原因明明是教育问题，竟无一人提及。

列车脱轨事故发生后，距离后续列车进站仅有五分钟。这么短的时间，完全来不及通知后续列车，于是导致列车进站撞上了正在铁路上逃生的旅客，造成人员伤亡。这个问题不容小觑。看错交通信号的概率没人能保证是零，所以一味责备驾驶员的行为并不可取，关键在于在发生错误的情况下，人该如何应对。可在三河岛事故中竟没有人采取任何措施应对这一特殊状况。我认为这与日本义务教育忽略训练学生的自主判断能力有关系。

孔子曾赞颜回能一隅三反，其实这种能力才是教育的真正目标。自己根据所学得到启发，继而去摸索，最后触类旁通、自主运用。倘若不能将所学知识自主运用，那么知识不仅毫无用处，遇到紧急情况时还会让大脑一片空白、不知所措。如果让这样的人去操控机器，则很可能会发生三河岛这样骇人听闻的事故。

要是操控机器的人缺乏自主判断能力，恐怕很难杜绝此类事故再次发生。人的智力，其实指的是这种自主判断能力。倘若不去训练一隅三反的自主思考、判断能力，仅是传授明确的规则，并要求学习者执行即可，人脑则会沦为没有灵魂的机器。

现在日本大部分的初、高中学生竟无法自己分辨答案是否正确，全凭老师定夺。老师说对就是对，至于自己哪些已经掌握、哪些没有掌握则浑噩不觉。他们根本没有认识到，通过自主思考去判断、解决问题远比答案正确与否重要。以小见大，若放任此般浑噩、麻木之人进入社会，则难免会酿成大祸。此次三河岛事故的发生不由令人反思日本的教育，而思及教育也不免联想到此次事故。

答案这东西，与其让学生给出，不如让老师先给出一个，再由学生验证它的正确性，这样就可锻炼学生的自主判断力。如果能够真正明白答案的意义，即便没能解出正确的结果，教育的目的也已达到。可绝大多数的人根本不了解智力究竟是什么，认为能否解出正确答案才是衡量聪明与否的标准。其实对于学生而言，去理解、解释答案也是一种非常好的刺激与训练，但老师却完全忽略了这一环节。因为老师在看到题目时，会很自然地运用成人的智力跳过这一过程。

麦克阿瑟[1]说日本人的精神年龄仅有 12 岁，但我认为麦克阿瑟这一观点是基于日本人的理性发展程度得出的。实际上，我认为日本人的精神年龄应有 15 岁，这个年龄正是决定人生未来发展轨迹的重要时期。然而，美军却在如此重要的时期进驻日本。此后，日本人的行事做派越来越美式，也不知这是否是美军进驻日本后的要求。勿论其他，我们所见的变化结果是，一切都在走下坡路。

借着集体活动之名推行集体学习并无可取之处，最后顶多也就是可以推举出集团的老大而已。有了老大，就没道义什么事了，难免会做出荒唐之事。

现在，大学里的男学生满脑子都是机械文明，难以晓以真善美之义，就连他们大脑的运转也变得非常机械化。尽管我也会劝慰自己，将来的发展趋势就是把机械作业交给机器，学生只要学习机械化以外的知识就行，但我实在不忍目睹美军驻日时期种下

---

1 麦克阿瑟：1880—1964，第二次世界大战时期历任美国远东军司令、西南太平洋战区盟军司令。战后出任驻日盟军最高司令和"联合国军"总司令等职。

——译者注

的恶种逐渐发芽壮大。

电视、杂志和电影的影响力不容小觑。人们把运动、情欲和电影简称为"3S"[1]，过去受到严令禁止的"3S"如今发展得如火如荼，这些全是美军进驻日本时效仿、推广美式文化所致。那个时期十分推崇学生课外兼职打工的观点，可此兼职打工乃学习之大忌。

"3S"究竟有何不妥呢？电影会以"感觉"的形式将外在事物灌输给人，从而影响人的情感。也就是说，电影让人被动地去接受外在感觉，并使人乐在其中。人类区别于动物的最大要素是大脑，但情欲却会冲昏人的头脑，让人只用下半身思考。运动本应该是人的知觉发挥主要作用，但却往往会变成运动作用占主导。所以说，如果"3S"受到过度追捧，对于民众而言，智力的发展恐怕会受到限制。说句心里话，我一直认为奥林匹克运动会是在相当极端的环境下诞生的。

---

1 运动、情欲、电影的英语是 Sports、Sex、Screen，因此简称"3S"。

——译者注

义务教育之管见

在我看来，日本民族已危在旦夕。不仅日本，人类整体似乎都在谱写葬礼进行曲。

也许有人会说既然日本已是行将就木，为何还要谈教育这种不切实际的话题？那是因为只有教育才能让日本脱离目前的危机，而且日本的危机本就由教育问题导致，其中义务教育的问题尤其严重。至少我是这样认为的。所以我才会于纷扰的时代洪流中谈谈义务教育，为孩子们发声。

我着手研究教育问题，可以从十多年前被调任奈良女子大学后第一次给女学生上课时算起。这些年来，我一直未能寻到志同道合的教育研究伙伴，所以只能以我作为研究的参照对象比对分析，其中的参照尺度控制在人在自然界中的正常发育与成长范围，超出此范围的不列入参照数据。

我生于 1901 年 4 月 19 日（但父亲上报我的出生日期时，将其改成了 3 月，因而我 6 岁就上了小学）。我在小升初的第一年考试中落榜，在高等小学重读一年后升入中学。五年后我中学毕业，升入高等学校继续学习，并顺利毕业。

人在 2 岁前接受的是大自然的情绪教育，即内心教育。3 岁形成时间、空间概念，4 岁分辨自我他人之别，5 岁开始学习与他人交往以及其他有趣的事情。我先来说说我在 5 岁前接受的家庭教育。

2 岁前，母亲教我认识爱与信任，3 岁~5 岁，父亲让我了解信任与欲望。我认为儿童应在 6 岁前学习基本道义。

2 岁前的儿童如何才能认识涵盖物质精神两面的世间万象呢？儿童认识世界，靠的并不是眼睛这个器官，而是他们内心对世界的感知。在儿童清澈纯净的眼眸中，我们仿佛能看到万物都已融入在他们的真情中。

那么，母亲应该怎么让孩子学会信任呢？唯一的方式就是母亲以身作则，不辜负他们的信任。比如一位母亲牵着 2 岁左右的女童在奈良最繁华的三条通逛街，女孩十分兴奋，新奇地四处张望。因为自己的手牢牢地牵着母亲的手，她的心里充满了安全感，才能放心地环顾四周的事物。如果这时母亲突然看到迎面走来一位认识的长辈，没有预兆地松脱了拉着孩子的左手，头也不回地迎上前，同人客套寒暄，那么被松开手的女童多半会当场蹲下大哭。这其实就是辜负孩子信任的表现。小女孩的心里产生了恐慌的阴影，害怕今后母亲在路上再遇到熟人时还会松开自己的手。

3 岁之后，儿童的认知容易出现偏差，易发展为"妄智"，并更容易以动物性的本能去认知事物，因此父亲在这个阶段教育子女会遇到颇多阻力。但如前所述，对于儿童的早期教育，重中之重还是父母要通过自身言行一致来培养孩子的信任感，勿背叛他们的信任。前面提到我父亲在这个阶段让我了解了欲望，这里欲望主要是指没有个人私欲的发展欲望和救济欲望。

大自然的教育大抵可分为三个阶段。人一旦错过了相应的成长阶段，就如同植物和昆虫错过季节，后期的补救皆徒劳无功。可要论晚熟和早熟哪个危害更大，必是早熟无疑。大自然如此谨慎细致地规划好了时间，可"速成派"却总想草草了事，何其危矣。

第一阶段和第二阶段的分界线是 5 岁。人的记忆力在 5 岁第一次达到顶点，同时伴随着求知欲的初次涌现。中学三四年级时，人的记忆力会第二次登上顶峰，同时求知欲也再度被点燃。不同时期的记忆力发展方向不同。简单来说，第一阶段发展的是长期记忆力，第二阶段训练的是精神高度统一的短时记忆力。另外，儿童感知到的"自我的数量"也与年龄有关，大体可分为三个阶段。人在 5 岁前感知不到自我，6 岁至中学五年级左右可以感知到一个自我，之后则可感知到两个或者更多。

所以，5 岁是儿童成长过程中非常重要的时期，错过这个时期
非常可惜。过去，孩子满 5 岁后都会去寺子屋[1] 学习朗读《论语》。
人的天生长期记忆力非常惊人，所以在孩子 5 岁时，应尽可能地
多教他们背诵一些经典、优美的文章，例如词句描写优美的历史读
物、藤村和晚翠的诗歌等。这样的文章篇幅越长越好。不用担心，
他们自能乐在其中。

5 岁时我曾与亲戚家的已上中学的兄长同住。当时他每日反复
背诵九九乘法立方表，可以说我是听着九九乘法立方表入睡的。时
间一长，我竟然也将九九乘法立方表熟记于心，直到现在仍可流
利背诵。其实当时我只认识表中的"九"一个字而已。

孩子第一次萌发求知欲时，常常会问"为什么这里有斜坡"等
问题。可惜我常常看到孩子燃起的求知欲被母亲粗暴的回绝浇灭：
"什么为什么，哪有那么多为什么？"这种行为是不可取的。

5 岁之后衔接的是小学时期。接下来我也想就我在小学时期的
经历谈谈小学教育。

我 2 岁前一直生活在大阪，3 岁搬回老家和歌山县，小学二年
级第一学期重回大阪，六年级时又转学回到老家的小学。读一年

1 即私塾。——译者注

级时，学校安排我们和二年级在同一个教室跟着同一个老师上课。尽管当时连算术的字都认不得几个，但因为我会背九九乘法立方表，所以二年级的内容对我来说实在太简单了，甚至让我觉得有些无聊。

前面说到亲戚家有个上中学的兄长，所以我常常去中学找他。尽管当时我认识的字不多，但靠着听记也学习了很多知识。有一天课堂上，老师让二年级的学生说"ダ"开头的词语，我直接脱口而出："ダイヤモンド・ダイナマイト。"（钻石、炸药）[1] 同学们面面相觑，听不懂我在说什么。随后老师向大家解释我说的词分别是钻石和炸药。大家的反应让我很是得意。

孩子在这个年纪最上心的事情自然是玩。当时我们常常把一块地分成四五块，各自割据对战。我有时把书包里的书换成石子甩，有时抓着皮带没有金属扣的一端反甩，还常常扔石子。

回到家后，我最常玩的游戏是搭建微型庭院。因为我家住在山顶，挖井也取不到水，所以只能从森林中引水作为生活用水。引水的竹笕下摆放着松枕木，当水从竹笕流出，枕木下会自然形成水流，这大大方便了微型庭院的创作。我家附近的山大多是秃山，

1　Diamond、Dynamite 在日语中的外来语。——编者注

有的只是一些有枝无叶的树，所以移植回庭院的树基本上也都是这样，但我非常喜爱此项活动。要是发现了造型独特的树木，我会记下它的造型，并在脑中思考将它移栽至某处后庭院的模样。我特别喜欢在脑中构建庭院的这一过程，就连观察树也都是从微型庭院的角度观察，这一习惯与我在数学上的研究方法本质上是相通的，因为我也一直在心中构建数学世界。这样分析下来，不难发现人的习惯多形成于幼时。现在家里还保存着我 3 岁时的照片，照片中我的眼神，与我醉心微型庭院游戏时何其相似。

小学五年级时，我从位于大阪和神户之间的打出转学至大阪市内的学校。在从学校到阪神电车乘车点的途中，有一家专门卖微型庭院用的树木和动物的店面。上下学的途中每每走过这家小店，我都忍不住边走边用眼角的余光往店里看。现在的我依旧喜欢搭建微型庭院。奈良有家眼镜店在门口摆置了一个微型花园作为装饰，每次走过这家店，我的内心都会涌起搭建微型庭院的冲动。

小学二年级转学到大阪后，最令我头疼的问题就是和同学间存在语言沟通问题。我从小跟父亲学说标准日本语，但是在大阪说标准日本语会被人笑。他们都叫我"江户佬"，我十分讨厌听到有人喊我这个外号。后来放暑假，我回了老家，突然迷上了捉知了、蟋蟀。结果开学后返回大阪，竟想不起表示肯定意思的"そうお

（是嘛）"的音调，无奈之下有一段时间我都用表示否定意义的"うそお（不是吧）"来代替。其实当时我在心里默默地练习表示肯定意思的词语的发音千百遍了，但最后还是没能说出口。当时旁人一定感到奇怪摸不着头脑吧。

当时只要听到有人叫我"江户佬"，我就无法遏制自己的怒火和对方大打出手。我总是在打架，而且常常以一敌多。这种情况下，我常常反抓皮带，大肆挥舞有皮带扣的一头。

除了语言问题外，老师的课堂提问也令我发愁。首先我对问题的反应速度比别的同学要慢很多，而且常常老师刚说出问题，大家就争先恐后地一边举手一边有节奏地嚷道"呀、呀、呀"（我也不清楚什么意思）或者"先、先、先"（先生的意思），在被老师点名后，才利用缓缓起立的时间思考答案。大家认为越早举手越好，可我常常抓不住举手的时机。在这一方面，我可以说是完败。

所以我完全不清楚一二年级老师都教了什么。不过可以肯定的是，这两年的课程里没有像现在的社会课那种假模假样的课程，数学课是有一说一，不模棱两可，没有丝毫似是而非的内容。

升入三四年级后，我对学校教的东西依旧提不起兴趣，但学会了不少课外知识。这一阶段于我具有非常重要的意义，所以我选取要点与大家分享。

当时我读了一则故事叫《魔法森林》，之后久久不能忘怀。这则故事来自岩谷小波的弟子为了纪念他而联合博文馆出版的《御珈花笼》一书。我现在依旧十分喜欢这则故事。只可惜书老早就弄丢了，幸好我还记得大致的内容。

森林边有一座小村庄，村里有一对姐弟相依为命。他们的父亲早已去世，生活的重担全部压在母亲一人身上。母亲撒手归西后，村里没人愿意照顾他们，于是姐弟俩想穿过森林寻找另一处栖身之地。可谁都不知道，眼前的这片森林正是令人生畏的魔法森林。

森林宽广无际，姐弟俩走了很久都没走到头。走着走着，突然视野变得开阔，一大片野生草莓田映入眼帘。姐弟俩的肚子早已饿得咕咕叫，看到眼前的景象欣喜若狂，忙从茎上摘下草莓。野生草莓田间长着一棵纤细的树。树上有只小鸟见状，大声叫道："吃一颗草莓失忆一年！吃一颗草莓失忆一年！"姐姐听后连忙扔掉手中的草莓，并去阻止弟弟。可弟弟不听劝，一连吃了十三颗大草莓。填饱了肚子的弟弟干劲十足地和姐姐说："也许马上就能走出森林了，我去前面探探路，姐姐你在这等我回来。"话音未落，弟弟拔腿就跑，很快便不见踪影。

可姐姐始终没等到弟弟回来。天色慢慢暗了下来，太阳就快落山了。树上的小鸟十分着急，因为要是姐姐天亮前走不出森林就会变成森林里的一棵树。于是它冲着姐姐反复叫道："走这边！走这边！"姐姐拒绝了小鸟的好意："我不能走。要是我走了，弟弟回来怎么办？"

其实弟弟和姐姐分开后没多久就走出了森林。森林边上有一座十分富裕的村庄。恰好村长家没有子嗣，于是他收养了弟弟。弟弟在村长的细心照料下茁壮成长。就这样过去了一年、两年、三年……八年、九年，弟弟一天天长大，可心里却越来越不舒服，就像是弄丢了什么重要的东西一样。在第十一年，弟弟终于无法忍受，他向养父母诉说了自己内心的感觉，希望能出去旅行散散心。养父母同意了弟弟的请求。

弟弟打算去哪旅行散心呢？突然有一日，弟弟发现了森林，心里涌现出似曾相识的感觉。于是弟弟进入森林，看到一大片草莓田。此时正好过去了整整十三年。魔咒解除，被遗忘的过往突然一涌而出，弟弟想起姐姐可能还在等他，急忙四处寻找，却发现当初姐姐站着等他的地方只有一株羸弱的小树。弟弟立刻反应过来这棵树就是姐姐的化身，于是扶着树痛哭不止。

没想到弟弟的眼泪正是解除魔法的妙药。姐姐恢复了肉身，与弟弟拥抱，喜极而泣。那只会说话的小鸟也飞来，欢愉地提醒着姐弟："走这边！走这边！"姐弟俩高兴地跟着小鸟走出了森林。弟弟的养父母看到姐弟重逢十分开心，他们接纳了姐姐，一家四口幸福地生活在一起。

这则故事给人的感觉很奇妙。随着十三年遗忘期限的接近，弟弟内心产生出一种痛失珍宝的感觉。正是弟弟内心的这种状态、这种情操给我留下很深的印象，直到现在都记忆犹新。这种痛失珍宝之感不仅仅是慈悲心的自醒，更是人向纯粹之心的回归。人若没有这种情感，又怎能描绘理想。人若不能描绘理想，又何称为人。

法布尔认为，昆虫的生存本能中隐藏着深不可测的自然睿智。那么，人类的理想中隐藏的自然智慧，只怕是更让人敬畏吧。自然在生命身上留下的痕迹，与其说是自然的睿智，我觉得更像是自然的意图。仿佛是自然为了实现自己的理想，而赋予了人类理想。因此，当人回归纯粹之心时，也是人作为人的关键时期。

我在小学四年级还读过一则故事，名为《金翅雀的去向》。当时日本小学生的杂志只有《少年世界》《日本少年》和《少年》三种。我订阅了《日本少年》，在上面读到了《金翅雀的去向》。

庭院角落的树枝上有两只金翅雀在亲密地交谈，但我已想不起它们交谈的内容。其实唤醒情绪深处的记忆的能力在数学研究中是非常重要的，通过大量的训练，我自以为自己这方面的能力还算不错，可这次我却无论如何都回忆不起来金翅雀们的谈话内容。先暂且假设金翅雀们正在亲昵地聊着佐藤春夫的"松针落满地⋯⋯"（こぼれ松葉を⋯⋯）这样温暖美好的话题吧。可是它们并没注意到，这个家里有一位少年拿着刚到手的空气枪瞄准了它们。

"砰!"一声枪响后，一只金翅雀受惊飞走了。过了一会儿，它又飞了回来，却没看到另一只小伙伴的身影，左等右等也没等到同伴回来。其实树下的青苔已染上了点点血迹，但它完全没有看到。读到此处，我心里不禁为盼望同伴回来的金翅雀感到难过，也别提多恨那位无情的少年了。邻居里有个低我一届女孩，她说"想了解可怜悲惨的故事"，于是我就把这本杂志借给了她。现在想来，那个年纪正应是感知怜悯心和正义感的时候。

1942 年的大阪市内有一家名为"龟井户"的点心店。店主是一位刚结婚的年轻男子，为躲避充军，他一直藏身于二楼。一日遇宪兵突击搜寻，店主闻风匆忙躲回二楼，没想到被宪兵看到，最终中枪而亡。听到这个消息，我眼前立马浮现出《金翅雀的去向》中的情景。

《日本少年》留给我很多美好的记忆。四年级的第三学期，父亲为我身体状况着想，举家搬迁至打出海岸。搬家后，学校离家只有两千米，所以我每天都是步行回去。回去路上正好有一家《日本少年》的特许经销店。《日本少年》的杂志每期都会提前十天左右发行。临近发行日期时，我天天都要去店里转一圈看看是否到货。每次都令人好等。要是哪天发现新杂志上架了，简直如获珍宝乐不可支。

买了新杂志后，我会格外小心地把它抱在怀里，舍不得放进书包，更舍不得拆开包装。从杂志的封面你就知道我有多么爱惜它们了。上了阪神电车坐下后，我常常纠结于要不要拆开杂志包装。思前想后，还是认为趁现在有时间拆开为好，不然只怕以后会更舍不得。拆开包装后，美妙的杂志封面就呈现在眼前。翻开杂志，我会马上被有趣的目录吸引。接下来我会合上杂志，克制住自己继续往后阅读的冲动。因为杂志的内容有限，一次全部看完实在奢侈。你看，大自然不假借人手就教会了人克制。总之，我在电车中会反复翻看封面和目录，然后陶醉在对后面精彩内容的幻想之中。仅此就已心满意足。

干脆先把相关的回忆都说了吧（因为情绪的流动若不能一次性全部吐露出来，就很难让别人理解）。考进粉河中学后，我开始住校。一放假就回老家，等到春假公布升级名单的那一天再返校。春假里，我非常期盼那一天的到来，因为在那天不仅可以知道个人的成绩和排名，还能领到新学期的教材。把教材领回家后，我习惯从自己最感兴趣的内容看起，首先是历史，接下来是博物。每册教材我都会一一翻看，甚至字帖都要打开瞧一瞧，但唯有数学教材，我会原封不动地放在原处。

正如土井晚翠的诗歌"伤旧思千古，唯有动情时"（人生旧をいたみては千古変わらぬなさけのうた）中写的那样，历史的本质在情操的趣味之中，在于激发出人不满足于简单文言体描述的情趣。读小学时，我在亲戚家兄长的中学教材上看到了海马的插画，这激起了我的好奇心："世界上真的有这种生物吗？真希望能早点了解。"从那以后，我就爱上了博物课。

字帖的内容也十分有趣，里面"穿过旧都"（古き都を来てみれば）、"深林人不知"等词句有着不可思议的魅力。我感到这些词句都融入了我的成长中。字帖里的内容深深吸引着我，让我恨不得在新学期开始前就把它从头至尾看个痛快，浅显的预习根本不能满足我的需求。

浅显的东西，有时候并不能起什么作用。至少就数学而言，发现与复制截然不同。复制有纸笔即可，但发现是用生命燃烧出来的结晶，只有具有高度热情与潜质的人才能有发现。

后来，我对老师提问的反应速度越来越快，但不想明白不举手的习惯仍旧未改。四年级前，我只有数学、文学赏析和写作等两三门课程能够达到优秀，年级排名的最好成绩也只有第三四名。

升入五年级后，学校增加了历史、地理和理科等新课程，并采用笔试考核。这一调整正合我意，因此我的考试成绩也直线上升。五年级第一学期结束后，全年级只有我拿到了六七门课程的优秀，其他同学至多只拿了二三门。那是我第一次没有压力地从打出海滨去上学，故而才能沉浸在《日本少年》中不能自拔。

除此之外，遇到好老师并得到他们的关爱也是塑造少年时代的我的重要因素。我相信老师对我的关爱绝不仅是我成绩好的缘故。尤其是班主任藤冈英信老师，他又教我们画画又为我们搭飞机模型，大家每天欢声笑语不断。我或是去河岸写生，或是痴迷于飞机模型，尽情地舒展自己小小的羽翼拥抱世界。正如陆游在诗中所吟："好风习习吹衣轻。"

前些天，我当年的小学老师问了我一个问题："想让学生切开柿子的种子，观察其中的自然奥秘，可学生却提不起兴趣，这个问题该怎么解决？"我认为可以参考旧时我们成长时期的教育方法。不过提到成绩这个令人揪心的问题，当务之急应先下功夫让学生感到自己的长处得到了老师真正的认可。人总有擅长的事情，老师可根据学生的长处来培育。但应切记不要煽动学生的竞争意识，煽动竞争意识可谓有百害而无一利。

少年时喜好捕捉昆虫也陶冶了我的情操。小学五年级的夏天，六月的某个周日，我拿着捕虫网，在腰间拴了一个含氰化钾的瓶子，准备去箕面山捉昆虫。一来到山脚，我就发现了一只从未见过的蝴蝶在扇动着翅膀翩翩起舞。现在我知道那是青凤蝶，但当时我在明信片上见到了几乎一模一样的标本图片，上面介绍这种蝴蝶是黑凤蝶，导致我误以为那是黑凤蝶。青凤蝶和黑凤蝶非常相似，它们之间只有极其细小的差别。

我紧紧地追在蝴蝶身后想捉住它。没想到它特别能飞，不停在山中高飞低舞。追着追着，蝴蝶竟不见了踪影。我想它可能飞到旁边的谷地去了，跑去一看果然发现一只黑凤蝶。其实，它未必就是我最初追踪的那只黑凤蝶，但当时我认定了它就是，于是又追着它来回跑。

虽然我追着蝴蝶跑了一天，但最后连一只都没捉到。天色渐晚，我搭乘电车准备回家，没想到在电车上偶遇了高我一届的学长。蒙学长抬爱，我跟着学长去了他家在箕面山附近的别墅。在学长家吃过晚饭泡过澡后，才悠闲自得地回了家。没曾想，因为那天父亲恰好出了门，母亲他们担心我是否遇到了麻烦事儿，已向警察申请搜救，闹得尽人皆知。

当时我不仅痴迷于收集蝴蝶标本，任何昆虫标本都是我收集的对象。小学六年级时，因父亲要继承祖父留下的家业，举家再次搬回老家（此时我也从坂本改姓为冈）。回老家后，我开始专注于蝴蝶标本的收集，有幸收集到青凤蝶和大紫蛱蝶。印象中，我在暴风雨后还收集到一两只当地罕见的蝴蝶标本，翻阅资料后才知道这种蝴蝶大都生活在日本南部。

发现外观漂亮的蝴蝶时内心那种喜不自胜的感觉非常特别。直到现在，我心中仍有收集蝴蝶的想法，只是我已知道每收集一只蝴蝶就代表着有一只蝴蝶将要死去，实在不忍下手。若想真正体验收集蝴蝶的欢愉，真正需要的或许是对自然的热情，就像当年我在山中沉醉不知归的痴迷。

我还记得一个与之类似的经历。老家有一个泥潭，占地不大但非常深。六年级暑假快结束的时候，我踩高跷跨进了这个泥潭，结果高跷被泥潭里的泥巴紧紧裹住，令我进退不得。无奈之下只能转跳到边上的堤坝上，没料到一不小心被旁边的筱竹戳伤了右后脚跟。这回是真的动弹不得了。幸好有位背着背篓的大妈从田间路过看到了我。于是她放下背篓，背起我送我回了家。反倒是和我同来的伙伴一直在旁边大呼小叫，什么忙也没帮上，最后还顺走了大妈背篓里的东西，实在可恨。

由于脚后跟伤势颇重，我无法下地行走，因此六年级第二学期我请了整学期的病假在家休养。直到深秋，才勉强能拄拐活动。

我家后面有座山，名为橘山。能下地后，我时常拄拐上山转转。因为已是深秋，橘子树的叶子早已落光，树枝上偶能见到未掉落的橘子。树根处可以看到野菊冒出的点点花苞。我挑选了其中花苞头最大的一枝，每天拄拐上山坐在边上观察。看着它从花骨朵到开出淡黄色的小花，竟花了二十余日。而这段经历也让我至今都对菊花有一种莫名的好感。

这些经历对我影响深刻，可以说成为了我"性情"的一部分。这就是所谓的"习与性成"吧。如果把这里的"习"仅仅解释为"习惯"，那么人追求发展的举动只能理解为人的条件反射。这种理解真是谬妄无稽。

下面谈谈我对日本小学教育的个人看法吧。首先，我认为义务教育只需涵盖小学六年。简单来说，这一时期主要是通过提升情绪的和谐度来帮助学生塑造健全人格。该阶段教育的好坏很快会表现在孩子的相貌上，因此教育从业人员可以此为衡量指标调整自己的教育措施，成为学生自身发展的辅助者。

小学教育有些类似道元禅师所说的"将容器中的水转移到另一个容器中"。该阶段首先应引导和培养学生对文化的兴趣，即教导学生对知识形成开放的态度。其次，要教育学生学会玩味而非批判。所谓玩味是指看到自己的长处。日本之所以在欧美国家面前会产生极度的自卑，正是由于在该时期未能真正看到自身的优势。因为错过了学习的最佳时期，所以最终只能步人后尘。

提到数学教育，我也有些话不吐不快。数学是一门用知性文字表达人类内在的学问与艺术，所以数学教育的任务应是启发学生内心的数学意识。可眼下日本的教育情况却令我不禁怀疑数学老师是否真的明白什么是数学。只有真正弄清数的概念，才能理解和掌握数学。幼儿在成长过程中，也是先知晓数，再意识到时空和自然的。尽管我也不能解释清楚什么是数学，但我心中毫无疑问地种下了数的种子，并确定这颗种子并非是自然与天赋的馈赠。

希望通过人的自然成长去理解数学的方法是行不通的。大部分人并不清楚黑板上的图表和算式并非自我，而是与自我对立的自然物。老师在授课中也应尽量减少使用彩色粉笔和图片等有颜色的教具，因为颜色会刺激儿童的感知，引起他们情绪上的大幅波动。真正的教育不是让儿童坐在书桌前看书或反复练习，而是让儿童在散步的过程中萌发探索的意识与热情，进而再去学习。从古至今，大数学家无一例外采用的都是这样的学习方式。

当依赖黑板、铅笔和草纸变成习惯，人只能通过计算去验证正确性。放弃计算正如黑夜里被夺去了手中的灯笼，不光找不到走出黑夜的路，眼前的世界也变得更加漆黑。他们不知道白昼的存在，自然辨别不出自己身处黑夜之境。

真正的数学不是眼中看到的黑板上的文字，而是用自己的认知去描述心中的物象。这可以称为"君子的数学"。用这种方式去学习数学，才能栖居于白昼的光明之中。当自己能够真正理解自己的想法时，即便不去计算，也能凭借直观去理解。

计算的优势在于事后可以去验证，在这一点上，笔算又强过珠算。不过，用自己的认知去描述心中的物象，会容易粗心而导致错误，即 careless miss。因此，计算在杜绝错误方面可以说具有绝对的优势。我的论文中常有这种粗心之错，以致我常常不得不专程再去送修正稿。其实，如果论文思路本质上没有错误，即便有一些粗心错误，也不会有大问题。粗心之错通过计算验证即可找出。可若具备计算能力的人没有思考能力，那他也只能验证已知，无法推演未知。

数学教育的目的绝不是训练学生的计算能力，而是要推开学生紧闭的心门，让外界清爽的风滋润他们的心田。数学教育的好坏，与儿童情绪中心能否接触到自然的纯粹直观密切相关。所以计算速度快慢并不是什么问题，因为我们要培养的不是计算机器。

学习数学应秉承"想清看明再动手，仔细调查相信结果"的方法。遇到问题时做到提笔前深思熟虑，提笔后一气呵成。只要开了头就务必速战速决，切忌拖泥带水。没思考就着急提笔作答，最后也占不了任何优势。"想清看明再动手"正是数学中倡导的思维模式，"相信结果"是呼吁不要拘泥形式。数学没有固定模式，不可能按部就班地得出结论。只要心怀事必有果的信念，并为之努力钻研，又何须拘泥于形式而导致裹足不前呢？倘若换个方法就令人心生退意止步不前，那么这个人只是依附在某种固定形式上的存在而已。这正是学习者身处的茫茫黑夜。

更令人痛惜的是，我们的老师正在努力让儿童尽早学会这种依附于某种固定形式的模式，这限制了大脑的思维，从而导致百弊丛生。数学的本质是"信"，学习者只有确信自己所做的"没错"，才能继续前进。在此容我多问一句："考试中设置判断题究竟有何意义？答案非否即是，这难道是全凭运气的弹珠游戏吗？"

数学历史上有位名叫高斯[1]的怪人。他在小学二三年级时用下面的方法计算出了从 1 加到 10 的总和。

$10×(1+10)÷2=55$

而且他还把柯西第一定理抛在脑后，乐此不疲地计算 1 除以三位数的质数，并将结果精确至小数点后四十位。为此高斯尝试了

1　高斯：1777—1855，德国著名数学家、物理学家，近代数学奠基者之一。高斯被认为是历史上最重要的数学家之一，并享有"数学王子"之称。——译者注

各种计算方法，真可谓尽善尽美。听说高斯特别不齿那些专门雇助手负责计算的人。高斯曾言："数论是数学的女皇。"言中的数论正是小学数学应该教给学生的内容。有人把数论学成了固定的"水道模式"，也有人学成了"数学女皇"，结果正可谓因人而异。这就是数学。

学校的课程大致可分为"心""自然"和"社会"三类。其中，算术、历史、国语和修身属于第一类"心"，也是小学教育的重点课程。理科和地理属于第二类"自然"。这类课程应安排在五六年级之后，课堂内容也无须涉及过多。认知自我只需真智之眼便可，但观察自然需要分辨有无的能力。可分辨有无是"区别"观念的一种表现，所以在开始对这方面的知识萌发兴趣的五六年级之前，没有必要讲授。教师在讲授自然学科的知识时应尽量采用分层教学的模式，留给学生体会内心自然的时间，让真智之眼观察得更透彻仔细。

后面学习社会课程时，还需要能甄别自他的能力。这种能力已非单纯的分辨，而是人的一种本能，即"甄别自他本能"。教师在讲授社会课程时，应谨慎避免因授课方式不当而激发学生此类本能的情况。

批判是发现并否定错误和弱项的行为。让未能区分"观察者的自我"和"作为观察对象的自我"双重身份的儿童行批判之举乃大忌。因为儿童一旦学会批判，便容易用"完全自我"的观念去认知世界，从而丧失真正的学习能力。此外应杜绝他们参与好行小慧的社团及小组活动。若真有闲，不如放手让他们尽情嬉戏。

我希望有关机构能尽早清查和整改荒谬绝伦的教材。学习这样的教材一年，需要两年的时间来消除教材带来的负面影响。倘若持续使用这样的教材学习，其结果又同脑干受伤有何分别。

松树受伤会结疤，松树的生长速度越快，伤疤也随之越大。可见创伤的影响并不会立马显现，而是在后期成长中逐渐暴露。人亦如此。人在 17 岁前完成小学和中学教育，但教育成果的好坏则要等到 18 岁后才会逐渐显现。教育，谈何容易。

上学自然是好事，但如果仅仅是为了上学而上学，上学又有何意义。可惜这种情况并不少见。母亲问我是否一定要遵照法律规定让孙女明年去上学？我告诉她暂时不要着急，再等等看。很抱歉，我没遵守国家的法律。

前面我已开诚布公地表达了自己对日本义务教育的想法和建议。下面为让大家更加清晰地认识义务教育的重要性，请容我再做简单补充。

我在高等小学补习的一年时间里翻遍了家中的藏书，仔细研读了博文馆发行的国民文库等长篇书籍，有《水浒传》《八犬传》《弓张月》《太合记》《西游记》《三国志》和《近世美少年录》等。当时向朋友借阅的书中有一本《八百八狸》，读毕令我嘘唏不已，没想到四国竟隐藏了这么多擅长变身的狸猫。总而言之，故事书的篇幅越长越好。阅读速度是衡量阅读能力的一个重要标准。要想训练快速阅读的能力，最好在义务教育阶段多读多看。

在所有的课程中，农业课的笔记内容最为艰深晦涩。刚开始背诵时，笔记中的大量数据给我造成了很大的困扰。不过我秉承不熟记于心不罢休的信念，趁有印象时反复记忆，最后成功攻克下了这些难题。

第一次中学升学考试落榜后，为争取来年春天能顺利通过考试，我把自己最不擅长的内容整理成册加强背诵。也正是从那年起，我开始训练自己的记忆力。第二年春天碰到学校扩招，录取率从六比一升至四比一，所以我非常轻松地踏进了中学的校门。

升入中学后，我开始了寄宿生活。粉河中学的升学率高，格外看重学生应试能力的培养，所以每学期均安排了两次为期一周的考试期。不过寄宿生平常都把心思用来找乐子了，只有到了考试前夕才临时抱佛脚。考试在我看来只分背诵和数学两种。即便碰到数学考试，我采用的也是全篇背诵的复习方式，完全用不着特别复习笔记中的内容。正所谓萝卜青菜各有所爱，有人痴迷学习外语，而我学习外语全仗背诵单词本。不过我不太推荐用我的这种方法学外语。

对我来说，外语是一门费时费力的纯记忆课程。有时费尽心血做好了生词本，却因前一日打网球打得忘乎所以而浪费了背诵的时间，最后只能在去教室的途中边走边背，赶在进教室前强记下所有的单词。

人在中学三四年级时的强记能力不得不令人惊叹。四年级的秋天，我因生病接受了艾灸治疗，记忆力也因此稍有减退。但算下来，我对自己的记忆力训练已有一年之久。前面也曾提过，发挥这种记忆力需要精神的高度统一。在三年级第一学期的一次考试中，我交卷行礼后刚离开教室，就把之前吃的东西吐得一干二净。后面足足休养了两周，才重新开始正经进食。

人一旦从高度统一的精神状态中松懈下来，就会很快忘记前面强记的内容，就像水过笊篱，不留痕迹。只有真正领悟了的知识才能在大脑里留下深刻的印象。

学习的目的归根结底正是锻炼精神的高度统一。至少我在中学时代一直在做这方面的精神练习。缺乏相关练习的人容易出现表情涣散的情况，但练习务必注意强度的控制，因为强度过大有可能导致人才夭折前功尽弃。医生钻研灸术，非万全之时不敢轻易在临床中使用。但我认为事难万全，只要能确保大多数情况正常即可，无须过于在意少数特例。

训练记忆力最好从小学五年级开始。若能从此时一点一点地锻炼提升记忆力，巅峰时期的记忆力必将展现超强的水平。记忆力的练习非常不易，但努力练习就是精神达到统一的过程。人在能够区分"观察者的自我"和"作为观察对象的自我"后，外人很难再去使其努力。

和外语不同，历史对我而言是所有科目中背诵最轻松的科目。因为历史故事不仅读起来朗朗上口，还可以按照时间轴的方式串联记忆，只是里面大段的文化介绍和大量历史人物的名字令我非常头疼。我从小学起就喜欢并渴望了解英雄战争的相关内容。小学三四年级时，有一次和父亲一起去看活动照片。当父亲指着照片向我介绍照片中三色旗接连倒下（估计是德法战争）的场景时，我感到脊梁骨蹿起阵阵寒意。

我喜欢背诵课本里的名言名句。其中最喜欢的故事是《小西庇阿与火焰中的迦太基》，最喜欢的一句话则是："匈奴王阿提拉袭来如闪电，退去如疾风，人称上帝之鞭。"虽然我从小喜欢战争故事，但绝无半点军国主义思想。恰恰相反，受到故事中英雄精神的感染，我养成了勇敢和不轻言放弃的好习惯，并保留至今。在数学研究中遇到毫无头绪的问题时，只要尚存一丝可能，我也会鼓起勇气迎头而上。

历史考试前，我常逐页朗读课本上的内容，然后对着天花板反复背诵，并在最后一遍背诵时确认记忆是否准确，以及中间是否有生字。背完整本书的内容后，我会在空中用手比划时间轴把历史事件重新梳理一遍。到此即备考完毕。

历史试题向来涉及甚广，当时历史考试是笔试，所以一读完题我就立刻在心中思量如何作答，执笔分秒必争地写到最后。每次考试下来，右手常常酸得抬不起来。

值得庆幸的是，当时中学还未出现"批判"的现象。比如，中学四年级时老师要求我在成绩表彰会上发言。为准备发言稿，我钻进家里的书堆，想找个模本参考，最后发现一本名为《冒险世界》的旧书。我读后发现书中竟全是批判拿破仑的内容，里面分别列举了拿破仑成功和失败的十条原因。当时我就决定以此为我的发言内容，并全部默记了下来。表彰会当日，我站在演讲台上侃侃而谈，仿佛谈的都是自己的观点。没想到这次发言竟在学校大受好评。其实时至今日，我仍鼓不起勇气直截了当地表达自己的观点，可见我不是一个具备批判精神的人。不过这很正常，毕竟我当时接受的教育就是这样。

过去，批判力、思考力和观察力的萌芽多出现在旧制的高校时期，现在则出现在新学制中的高三至大一、大二阶段。人一般在这一时期开始意识并区分"观察者的自我"和"作为观察对象的自我"的双重身份，有些人甚至能将"自我"区分得更加细致。有的人萌发相关意识的时期较一般人早，所以偶能看见中学四年级的学生可以阐述自己的远见卓识，让同年级的学生震惊不已，但大多数人并不会提前形成这三种意识。

批判力、思考力和观察力的意识一旦破土而出，便如雨后春笋般迅猛发展，并且批判对象并非他人，而是自我。一般会从真正认识自我开始，到最后描绘出自己人生的第一张蓝图。旧制高校的三年时间是批判力、思考力及观察力的活跃发展时期，同时也是道义感的完善期。

我出现这些意识的时期较一般人更晚，因而发展的势头更加猛烈。高一时，我始终琢磨不透考试拿好成绩有何意义。在朋友的建议下，我决定尝尝名落孙山的滋味。于是，我故意没复习德语语法就去参加考试。果然，拿到试题我就立刻傻了眼，以致到现在我也没太弄明白动词的格支配问题。虽然没搞懂格支配问题也不影响我理解数学，但我已深刻感受到该残留问题带来的影响。

考试成绩不及格倒是无伤大雅，但因小失大没能掌握德语实在令人扼腕。

人应该去面对自己的内心，践行自己的想法，而且要全神投入不留遗憾。只有这样你才能找到自己的理想。如果只是随大流依照社会的主流观念生活，那很难获得自身真正的发展。

下面来谈谈学科设置的问题。高校一年级时，学校重新规划了课程设置，给新生增加了法律和经济课，但我认为学校不该在这一阶段引入这样的课程。众所周知，法律大部分的内容都源自《罗马法典》，可《罗马法典》诞生于典型的文化黑暗时期，满篇皆是难明其意的定义和公理的罗列。我自认记忆力不在他人之下，但面对法典里的内容时也实在束手无策，甚至还一度怀疑自己读的是不是日语。尽管法典的行文风格不似福楼拜的文章那般晦涩，但它完全不符合日本式情绪的自然流动，越读越令人苦闷，如同釜中游鱼。我希望能借鉴戴德金的《什么是数？数应该是什么？》（*Was Sind Und Was Sollen Die Zahlen?*）的研究，重新探讨在日本什么是法律，以及法律应该是什么。

言至于此，不得不说日本旧时教育远胜当代教育。日本教育自明治后开始走下坡路，究其根源都是受军国主义的影响，具体可追溯至大隈重信强迫中国签订"二十一条"的时期。强迫中国签订"二十一条"的行为，完全是西方 19 世纪的做法，可在西方国家摒弃该行为时，日本却开始照猫画虎。之后日本变本加厉，但大多数教育家仿佛集体失忆，对这个时期的情况视而不见。战后军国主义虽然消失了，但却培养出一批没有理想没有追求的毕业生。尽管在我幼年时，教育就已开始偏离正道，但较之后辈还算略胜一筹。昭和二十三年（1948 年）学制改革的结果在之后十来年中一一体现了出来。若想以史为鉴造福后世，就应该即刻着手彻底地改革教育。

此外，国家在普及义务教育的同时还应大力发展天才教育。眼下整个产业界自动化方兴未艾，第二次产业革命正在如火如荼地进行。日本也计划借贸易自由化之法在竞争激烈的国际舞台上崭露头角，但想在复杂的环境中突出重围绝非易事。开篇时我曾说日本民族危在旦夕，而横亘在日本民族眼前的正是这道难题。要想突出重围，我们只能寄希望于天才的创造力。既然大多数人无论接受何种教育，最终也只是人云亦云，那么我们只能从中选拔出少数精英，让他们发挥天赋。创造力何其重要！可是眼下日本的义务教育却扼杀了独创见解的诞生。这正是前述危机的由来。

可以说日本民族是靠着种植水稻和捕捞海鱼为生走到了今天。日本史上日本本土从未爆发过一次激烈的战争，所以日本人也多分不清创造和模仿的区别。他们不愿听信个人的观点，而是一味追捧模仿别人，把形式和观念看得重过实质。可仅凭形式上的学历来决定踏上社会后的待遇，这和过家家有什么区别？这种方法恐怕只有在温室中才能行得通。

对于日本的形式主义，我有深刻的切身体会。我的生日是 4 月 19 日，但户籍上登记的是 3 月 19 日。碰到需要填写出生年月日的情况，工作人员毫无例外地都要求我按照户籍上的日期填写。我祖母在嫁给祖父时因实际年龄太小怕引起非议，曾去户籍处更改过出生信息。祖母 92 岁驾鹤西去，可按照户籍上登记的日期来算已有 96 岁。家里人按照祖母的实际年龄制作了牌位，可是村长知道后却勃然大怒，认为我们的做法是在往他脸上抹黑。万事遵循的都是这样的歪理，对正确的东西置若罔闻，也难怪没有创新的能力。

文化方面也面临着同样的问题。日本民族把模仿外来文化当成自己的文化，认为模仿得越多自身的文化水平就越高。所以日本政府胡乱创建大学，导致日本一个国家的大学数量竟超过整个欧洲的大学总数。这么做究竟有何意义？他们难道不知道形式上的恶性平等教育早晚会形同虚设吗？

西方文明从激烈竞争中诞生，国家只有充分激发天才的才能，才能在竞争中幸免于难。尽管教育只能让极少数的种子开花，但国家会精心挑选并栽培这些罕见的种子，确保人尽其才。法国等之所以能在激烈的竞争环境中生存下来，必是严格践行了上述方法。恐怕盎格鲁－撒克逊人也是如此。天才虽然凤毛麟角，但却发挥着举足轻重的作用。

橄榄球也好，棒球也罢，想赢得比赛自然要挑选最优秀的选手。发展天才教育的目的也正是如此，然后极尽他们的才华。当然，选拔出来的未必都是人才。假使所有人都争先恐后地要当人才，选拔过程自然熬心费力，如此一来又拿什么与他人竞争？在日本，值得国家选拔的至少应是情绪清明的人，切勿将"邪智世界"中的"鬼才"与之混为一谈。

在法国，只有两所学校算得上名副其实，即高等师范学校和炮兵学校。别看它们教育领域不同，其本质上可谓异曲同工。因为能达到学校招生条件的人数不多，所以这两所学校的学生比较少。在法国，天赋卓绝的人被唤作"天才"，而非"秀才"。法国正是借助把万里挑一的天才送入这样的学校深造之法，成为了国际竞争中的幸存者。如果日本放弃现在糟糕透顶的教育，实行正确的天才教育，定能在国际舞台上大显身手。只是如果不能改变日本民族的强烈自卑感，恐怕结果还是会事与愿违。

虽然前面我再三提到日本已危在旦夕，但或许最后并不会灭亡。因为日本民族不仅可以在原始状态下生存，而且已深谙文明之义，所以即便自由贸易不成，也仍可找到自给自足的生活模式。前几日，家中电路突然出现故障，家里也无人会检修，所以最后大家都点着蜡烛泡澡。如果万事都能这般顺其自然，我想我亦可安枕而卧。

写给有志研究数学之人

庞加莱说："数学的本质在于和谐。"我希望有志从事数学研究的人能先仔细体会这句话的含义。1912 年，庞加莱离世。数学在庞加莱成为数学界的权威之后才有了更清晰的阐释。

庞加莱说的和谐是指内在的和谐，而非艺术中美的和谐。不过既然同是和谐，必有相通之处，再加上艺术中美的和谐比内在的和谐更易被人感知，因而要想窥探内在的和谐，不妨多亲近艺术。

故可言，研究数学的过程即是提升内在和谐感的过程。下面我将举例说明何为提升内在和谐感。我们一般将三次方程的解法称为塔尔塔利亚[1]解法。塔尔塔利亚在意大利语中指"口吃者"。三次方程的解法之所以被称为塔尔塔利亚解法，是因为文艺复兴初期，该解法的发现者在童年时遭遇战争，被入侵的士兵砍伤了舌头，留下了说话困难的问题，因而后被人戏称塔尔塔利亚。

　　一次我在数学研究中遇到三次方程，偏巧当时怎么都想不起塔尔塔利亚解法，于是萌发了自己探索三次方程解法的念头。三天后，我终于找到了与塔尔塔利亚不同的解法。虽说我的解法不及塔尔塔利亚解法巧妙，但我也算成功地另辟蹊径了。仔细想来，塔尔塔利亚解法其实是一代数学天才用尽一生钻研出来的方法。当时致力于寻找三次方程解法的数学家不止塔尔塔利亚一人，同时代的大多数数学家都在钻研该问题，但只有塔尔塔利亚得到了命运的青睐。三次方程对于文艺复兴时期的人而言，是一道不知何时才能解开的难题，但我为何仅用三天就可觅得解题之法？究其原因，不外乎是数学的和谐感在四百年的发展过程中变得更加深厚的缘故。和谐感的增加彻底改变了可能性即"希望"的选择方式，因而我才能在短时间内破解三次方程的解法。故可言，提升和谐感才是数学的目标。

1　塔尔塔利亚：尼科洛·塔尔塔利亚，原名尼科洛·丰坦纳，意大利数学家，工程师。——译者注

我感觉和谐感提升一级，解答速度可飞升 30 倍，而如今数学的和谐感较塔尔塔利亚时代应擢升了三级。也就是说，如果现代人和塔尔塔利亚时代的人要解决同样的问题，塔尔塔利亚时代的人花费的时间会是现代人花费的时间的三个 30 倍，即 27 000 倍。三天的 27 000 倍是 225 年。当然，这不是说塔尔塔利亚用 225 年解开了三次方程，而是指那个时代优秀的数学家们为解开三次方程花费的时间总和是 225 年。顺带提一下，塔尔塔利亚之后，数学家迅速攻下了四次方程的解法，但前进的脚步却被五次方程拦住了。尽管寻求五次方程解法的道路坎坷，但许多天才数学家仍孜孜不倦地钻研探索，直至 19 世纪，阿贝尔[1]证明了五次方程用代数方法不可解。

首先大家应该弄清楚推动数学研究的智力是何种智力。答案可以参见庞加莱的著作《科学的价值》。庞加莱在书中呼吁大家应该仔细观察数学研究中取得进展的瞬间，并从切身体验中总结出推动数学研究进展的智力所具备的两大特征，即"短时间内完成"和"没有疑惑"。只有具备上述特征的智力才称得上是数学研究中不可或缺的智力。

---

1 阿贝尔: 尼尔斯·亨利克·阿贝尔，1802—1829，挪威数学家。——译者注

那么应该如何培养和提高该智力呢？众所周知，提高数学能力必须锻炼大脑前额叶，可是正确有效的锻炼方法却未受到重视。例如锻造日本刀最好采用冷热交替的方式。而庞加莱所说的智力，也多活跃在大脑的"冷却期"。

就拿我来说吧。中学时每次数学考试做完题后，我都会仔细检查答案，反复确认无误后再交卷。可往往交卷后离开教室的某一瞬间会突然意识到："糟糕！那道题写错了。"最后只能灰头土脸地走回家。我时常出现这种情况，相信大部分人都有类似的经历。走出教室后精神开始放松，在这种状态下开始工作的智力正是大自然的纯粹直观。在我们通过努力而实现了内心纯净的瞬间，也帮助智力恢复了活动，所以才会出现幡然醒悟的反应。数学上的发现离不开这种智力的活动。只是当我们在检查答案对错时，大脑中工作的不是这种智力。

但是现在我们的大脑长期处于活跃状态，很难进入冷却期，因而大脑前额叶仿佛被放置在持续加热的铁锅之中，陷入过热，从而导致精神达不到和谐。其危害甚大，甚至可以影响人的相貌。最近我仔细观察了正值舞勺、豆蔻之年的少男少女，发现他们的鼻型发生了非常明显的变化。究竟原因，正是因为当下的教育方式给予了大脑前额叶不间断的微弱刺激。这让我不禁联想到副鼻窦炎的病症可能与鼻型的变化有关，这一观点得到了医生的认可。鼻型的变化自然会招致眼神上的改变，倘若情况继续恶化，其影响范围会逐渐扩展到人的面容，甚至还有可能导致出现"面无表情"的情况。若是日本文部省要进行知识普查，希望不要只停留在识字量的层面，而应把关注点转至国民联想力的调查，毕竟嗅觉器官的灵敏度与人的联想能力息息相关。

长时间机械作业的工作人员非常容易出现大脑前额叶严重过热的情况，例如录入员。该类人群的健康问题应该受到更多的关注，单位也应该为他们提供合理的休息时间。成人出现大脑前额叶严重过热的情况后果相对可控，可知觉尚未发育完全的儿童若出现这类情况，后果不堪设想。让儿童边看琴谱边看琴键练习钢琴，以及早期的珠算教育，对此我都持怀疑态度。

换言之，只要大脑意识持续活动，就会导致大脑过热，从而导致智力无法活动。这里的智力指的是"自明"，也称"无分别智"。相反，"分别智"是指主观地认识世界，其潜力较无分别智相差甚远。

前些日子，我去和歌山市演讲，所住旅馆的老板娘问我："我给我家儿子报了珠算、钢琴、插画和跳舞四个兴趣班，要不要再报几个？"当我了解到她的儿子只是刚入小学的儿童时，内心十分震惊。要知道，光学校的作业量就已大大超出了学生的能力范围。老板娘大概希望把儿子的时间安排得满满当当，不留一丝空白。但是人应该生活在草原上，而非夹缝中。人之所以能成长，正是因为有足够的施展拳脚的空间。不缩短大脑过热的时长，让大脑得到合适的休息，如何唤醒智力？

我再举一两个亲身经历的例子吧。小学时，父亲买了些香蕉形状、香蕉口味的糕点回家。因为口味不错，父亲把剩下的糕点装进了罐子，打算留着用来招待客人。我们小孩子也只有家里来客时，才能沾光吃到一个，所以小时候我特别期盼家里有客人来。只要看到有客人到家里来，就立刻心花怒放。

平日糕点罐被束之高阁，我们只有在家中来客时才能分上一杯羹。正因为能吃到糕点的机会不多，所以糕点才分外可口。

但现在的情况是大脑前额叶处于持续发热的状态，犹如餐餐珍馐，终将食之无味。假使面前有一盘美味的糕点，初尝时深感可口。可若获取糕点易如拾芥，反而会令你感受不到它带来的层层递进的味蕾及感官刺激，糕点也不再似初尝时那般可口。这样的糕点与花店里的鲜花无甚区别，因为唾手可得，所以不受珍视。同理，渴望阅读的心情远比真正的阅读来得更加珍贵。

牡丹虽美，但花期至多不超过十日。牡丹花凋谢之时，花枝中亦已开始孕育新的花苞。再见花开需等来年。牡丹花期虽短，但花苞的蛰伏期却相当地长。这就是自然。人也不例外，生命需要蛰伏期的存在。在此我奉劝有志从事数学研究的人切勿心急，请静待花开。

那么，数学对全人类的福祉、利益有何意义？过去数学的主要功能是计算，如今随着科技的进步，机器已可取代人类完成该类机械性作业。照此发展下去，机器人或将能代替人类从事理论性研究。据此我们可知数学存在的意义是完成机器无法替代的任务，即晓以人类和谐的精神。

庞加莱去世距今正好 50 年。这 50 年一言蔽之，大战频发，即便期间少有休战期，也非战前即战后。整个世界因为战争而喧嚣不止，一片狼藉。可战争为何此起彼伏地爆发？

究其原因，我认为是在缺少和谐精神的前提下过度发展科学所致。1810 年左右，科学家在印度池沼中发现了霍乱弧菌。此时正值科学发展的黎明期，后百年间科技日新月异，却招致世界大战的爆发。尽管我们可以如数家珍地举出科学进步带来的诸多好处，例如杀死细菌降低了患病率，研发化肥促使大米增产等，但这只是表面现象，事实未必如此。铁路等交通方式的发展，看起来确定给人类带来了极大的便利。倘若众人驾车而行，仅自己步行，那么的确难以追赶；可若众人皆无车可乘，均靠步行，也就没什么问题了。其实我认为无须过于重视交通工具的发展。

尽管科学发展令人类受益匪浅，但其招致的弊端又何尝不是罄竹难书，其中光战争带来的灾难已叫人难以招架。如今世界上科学和机器两个阵营相互搏杀，科学孕育了机器，但机器却藐视科学。世间万事万物皆前途未卜。我认为当下的世间百态与希腊时代至罗马时代的过渡期十分相似。罗马文化发展至文艺复兴时期有两千年，我们的时代或许也会继续经历一个两千年的"罗马时期"吧。可当今文明仅在50年之中，就已经是兵连祸结，满目疮痍，实难想象再一个两千年后，世间是何模样。但毫无疑问，人类必会落败离场。言及此，我想大家都已深知拥有和谐精神何等重要。

或许当下仍有人不解数学这门学科存在的必要性，但数学正是照亮黑暗的光。青天白日自不需要点灯相助，可如今世界已堕入茫茫黑夜，星辰之光已是救命稻草。夜色愈深，数学愈加重要。望诸位深思。

数学与艺术

数学追求内在和谐，艺术追求美中和谐。两者在追求和谐这一点上是相同的，并且在追求和谐的过程中，也同样都是情绪在发挥作用。所以，数学与艺术的相似程度其实远超我们的想象。

但数学与艺术也存在相去甚远的一面。在思考内在和谐与美中和谐具体有什么不同时，两者在工作间隙中的思维差异引起了我的注意。不管是研究数学还是画画，我常在中途复查时来一支烟。复查数学时，我习惯抽着烟翻阅笔记，同时思考接下来的研究方向。相反，复查画作时，我常一边抽烟一边审视之前的工作是否得当。简而言之，艺术通过复查着眼过去，数学通过复查放眼未来。这也正是真与美的根本区别所在。无论数学抑或是艺术，常有回顾复查的环节，但数学的复查是为了通往未来。除了这个着眼点上的区别，数学和艺术可谓极其相似。

前段时间，我与大学同学一道拜访了奈良的一位西洋画画家，听说他用了十年专绘树木森林，又用了十年专画溪流。我注意到在他的画室中有一幅边长三尺的正方形画作。因为西洋画多用矩形画布，正方形画布非常罕见，于是我好奇地问画家为何选择正方形画布作画。画家答曰，画布原是矩形，后为构图剪裁之，最后才变成了正方形。画作里的溪流飞峡谷而出，细细赏之，其画面空间的处理令人深感和谐舒服。遂向画家追问该画作的构图及作画时长。画家答称，构图花了一周，作画时间稍短，因当时无处可支画架，为避免画布被风吹跑，只能抱着画板作画，约莫用了三个半小时完成。

听毕，我内心清楚地认识到画家在为期一周的构图中内心安置于佛教中的"无分别智"，而在后面作画的三个半小时里内心则安置于"分别智"。看来无论数学还是绘画，"分别智"与"无分别智"的活跃比例都相差无几。

画室的壁龛里挂着一幅长三尺、宽三尺有余的画，里面细致入微地描绘了赤目四十八瀑的某处风景。画家道，当初为仔细观察该处溪谷，曾举家搬迁至瀑布附近三年之久。可见画家的内心在这三年期间安置于无分别智。他还说一幅画如果作画时间过长，容易生硬刻板缺乏灵气。可见这幅画从画家提笔到完成并未耗费过长时间。

画家十分客气，称自己作画不光是为了自己欣赏和出售，同时也希望能赠与知己珍藏，并让我们挑一幅带回去。初次见面，我实在觍不下脸来收此馈赠。但今日所见之画每一幅都令人赏心悦目，何其快哉。

近日幸得机会带研究室的成员一同去京都国立博物馆赏画。可惜恰逢新品展，未能如愿瞻仰仰慕已久的作品，心中多有不甘。但在博物馆看着看着，我渐渐对室町时代的画作产生了兴趣，其中有一幅花鸟画令我印象颇深。画面十分简洁，仅绘制了一只停在白色山茶花上的小鸟。但无论花枝还是小鸟，甚至每一片叶子和花瓣都显得灵动，不同于日本美术院展览会和帝国美术院展览会上常见的花鸟画。

看过作品介绍后，我了解到该画受到了中国宋元时期画风的影响。道元禅师曾远渡重洋赴宋修习佛法。禅师在《正法眼藏》中言："包罗万象，唯不含绝气。"（森羅万象を包含すれどもただ絶気のものを含まず）其中"绝气"之"气"意指"清凉之气"。但当弟子请教文中绝气为何时，宋代禅师答曰："死尸。"许是因禅师嗅觉灵敏，才言"死尸"而非"尸臭"，即文中的"绝气"不包含死尸腐肉的臭味。当时我蓦然想起禅师此言，想必是受到了画面清新灵动感的触发。

展品中还有室町时代的山水袄绘。画面中绘制树木的技法不同于江户时代，树枝、树叶的伸展与连贯令人赏心悦目。袄绘下方绘有两人对弈围棋的场景，外有两名围观者。观时不由令我思及《水浒传》。夏目漱石的作品《行人》中亦有一处从医院窗户俯视后街的场景令我深感《水浒传》之趣。想来漱石在作品中欲营造的氛围大抵就是画中情景。

虽然日本室町时代推崇宋文化，但室町时代遗留下来的作品却令我心旷神怡。此次正值博物馆新品展，鲜有名作展出，展品多不闻其名，这反而更能说明日本室町时代的真貌。离开博物馆后，我步行朝西山而去。前面的不甘之感消失殆尽，内心已归于安宁，终于可以好好钻研学问了。艺术拥有净化人心灵的魔力，就像收音机可以通过调频换台一样。

艺术除了能慰藉我的心灵外，有时也能给予我勇气。在研究中碰到难题时，我不禁会怀疑自己的能力，尤其是在写第六篇论文的时候，我常常面对问题一筹莫展。当时我十分爱读陀思妥耶夫斯基的《白痴》和《卡拉马佐夫兄弟》。朋友中有人说阅读这两本书犹如"遇到不见底的深渊"，没人能猜到书中故事的走向。这类小说的面世，极大鼓舞了因碰到难关而丧失勇气的我。

我在留法期间决定了今后的研究方向，但却迟迟找不到着手研究的方法。当时可谓心急如焚，直至我归国前参观了马蒂斯的画展。画展里囊括了马蒂斯自学校获奖以来的一系列作品。在观赏的过程中，我突然意识到只要心境开阔，文化工作自然能进展顺利。于是反思己身，坚定了自己继续研究下去的信念。回到日本后，阅读夏目漱石和芭蕉的文学作品更加坚定了我的信念。时至如今，这种信念仍未改变。

有关音乐

直到升入三高，我才开始学习鉴赏品味绘画和小说，至于音乐方面的兴趣培养更是迟得多。当我从法国留学回来，走在街上发现身边没有音乐环绕时，内心竟涌出一种莫名的孤凉。

我曾在一篇文章中读到寺田寅彦先生以西方音乐作比解释连句，于是认定不懂西方音乐的人难求连句真髓。故为作连句，我开始学习欣赏音乐。起初我常去伊东的中谷宇吉郎家听唱片，和他一起向他夫人学习音乐里的柔板和谐谑曲等知识。

我的音乐知识浅薄，故平日也不敢妄加评论。但有一次我去拜访女子附属高校的前田老师，竟与他讨论比较起莫扎特和肖邦的作品。前田老师是音乐家，当他听到我说"评论家称莫扎特表达了时间，肖邦表达了空间，但在我看来却恰恰相反"时，便大喜过望地对我说："英雄所见略同，我正奇怪怎么我与评论家竟会意见相左！"言罢，我与前田老师互引知己相谈甚欢，最后借酒抒情后才辞行。那日后，我不再妄自菲薄地认为自己不具备音乐鉴赏能力了。

尽管我了解的音乐常识不多，分不清作曲家的代表作，但已从心底深深爱上了音乐。众所周知，数学与音乐的关系十分密切[1]。道元禅师曾说："应举身心去见色、听音。"（はじめ身心を挙して色を看取し、身心を挙して音を聴取せよ）而后再"举身心去听色、看音"（身心を挙して色を聴取し、身心を挙して音を看取せよ）。艺术鉴赏的真谛莫过于此。回过头来看，或许大家平日所言的艺术鉴赏不过一叶障目未见泰山。

大学旁的百万遍[2]有一家被音乐萦绕的咖啡馆，里面常常播放各式各样的音乐，其中我最喜欢的是舒曼。印象中，我最初学习欣赏音乐是从反复聆听贝多芬的《春天奏鸣曲》（*Spring Sonata*）开始的。我对贝多芬谈不上讨厌，也说不上喜欢。在所有的音乐之

---

1 可参阅人民邮电出版社出版的《数学与音乐的创造力：捕捉未知与无形》，中岛幸子著，黄晶晶译，2015。——编者注
2 百万遍：地名。——译者注

中，我最喜欢舒曼的作品。于我而言，舒曼之于音乐正如费希特[1]之于哲学，他们作品中透露出的些许寂寥恰能令我印象深刻，无法忘怀。

"春风拂麦浪，潺潺无我行"（春風や麦の中行く水の音）是芭蕉门徒之作。读后，我的眼前浮现出一片广阔无垠的早春之景。尽管句中描绘的是缥缈无形的春风和眼不能见的水声，无一为有色有形之物，更未有一词明示俳句之意，但却能令人联想到春日田野之景。这才是艺术。芭蕉赞其"景曲第一名句"，称名人也未必能轻易吟出此句，并以此为引，吟"春日阳炎盛，万花始争艳"（かげろういさむ花のいとぐち）来结句。真正的艺术绝非能模仿出来的。

我喜爱的艺术家

文学家中，我最喜欢芥川龙之介、夏目漱石和松尾芭蕉。

芥川信奉艺术至上，认为自己是与火龙战斗的西方骑士。芥川说，通常骑士勇猛无外乎依仗基督教的加持，纵使火龙也无法

---

1 费希特：约翰·戈特利布·费希特，1762—1814，德国作家、哲学家，古典主义哲学的主要代表人之一。——译者注

伤己分毫，而自己是无神灵护佑的骑士，不畏惧火龙皆为艺术故。芥川决定投身文学创作之时，曾与友人街边散步，偶然看到街道尽头一根断了的电线触及地面的雨水闪现出紫色的火花。芥川当下迸发出甘愿舍弃一切只为摘下这朵美丽火花的念头。芥川可称得上是一位彻头彻尾的理想主义者。读过芥川的《东洋之秋》和《尾生之信》的人想必深有感触。

芥川是懂诗之人，但佐藤春夫却说芥川不懂诗。可在我看来佐藤春夫也非诗人，不过歌人罢了。诗人芥川又怎会不懂"寒山拾得仍在，东洋之梦不灭"的含义呢？

西方流派崇尚理想，属于灵感型。芥川虽著作等身，但不成体系，其脍炙人口的作品仅十部有余。

相反，芥川师从的漱石属东方流派，是典型的情操型大师。小宫丰隆在著作《夏目漱石》中指出漱石的毕生之作其实自成一系，从《我是猫》一直到最后未完成的《明暗》，当中任何一部作品都是漱石整体创作中的一部分。漱石自始至终只为完成一部作品，因而其境界在时光的涌动下不断提升，而境界的提升又推动他笔耕不辍，最后执笔而终。人生既是一条河，境界的攀升必推动作品自成一系。这恰恰是我们东方人的易施之举。

我最初接受的是西式教育，故多有灵感型发现，但当我确定以多复变函数论为研究课题后，论文题目自然而然地按照《多复变函数论一》《多复变函数论二》的方式延续展开。倘若我从未接受过西式教育，想必自研究之初起就会采用前述系统的研究方式。

漱石在去世当年的夏天，曾与芥川书信往来。他在信中向芥川提及自己对文学的理解：

"今年夏天，我每天上午专心创作，下午把藤椅搬到户外，在庭院的绿荫下纳凉休憩。上午的文学创作能在下午给予我休憩中的身体愉悦之感。这才是真正的文学。"

我十分赞同漱石的这一观点。漱石此言亦可谓人类文化中的重要语录。

言及漱石，我不由想起他初入朝日新闻社时，曾义正辞严地说过："我的小说绝不会让低级趣味充斥诸君的家庭。"

初闻此言时，我只觉漱石不过平常人，后来才慢慢明白他的追求何其伟大。漱石用他的作品兑现了当初许下的豪言壮语。如今的日本，又有哪位文学家敢与漱石同言。

最近日本的小说、电视和电影充满低级趣味，极大地玷污了日本民族纯美的情绪中心。如今，人类"容颜"被毁的事实历历在目，我们又拿什么去追求"表现的自由"。狂乱喧嚣的世相总令我不由思及漱石的豪言壮语。

漱石在文学作品中常巧妙地运用故事时间增添趣味性。换言之，我们常能在漱石的作品中看到人生四维的特征。比如在《行人》中，兄弟二人正打算去旅馆楼下的澡堂。前一秒还在默默欣赏屏风的哥哥突然叫了声："二郎！"并停靠在楼梯旁谈起前面在火车里自己主动打断的话题。话题切入的时机极其巧妙，同时也能令读者产生强烈的主人公视角的代入感。这种感受很难在芥川的作品中寻得。

如今，漱石小说的读者越来越少。取而代之，当代小说靠刺激性的内容受到追捧。这种现象的出现大抵是情绪的微妙变化越来越难被人读懂之故。

初识芭蕉是在芥川的《芭蕉杂记》和《续芭蕉杂记》中，我在留法前阅读了这两本书，而直到留法归来才对它们有了进一步的了解。别看俳句仅十七音，但其含义却令人难以捉摸。今日悟得之意或许隔日却发现差之千里。芭蕉曾言，即便是俳句高手，穷尽一生至多也只能幸得十句被人交口称誉的俳句。虽然俳句如此缥缈不定，但却令芭蕉门下众人甘愿奉献一生去钻研。我十分好奇他们秉承了何等信念，又是在怎样的环境中如何研究探讨俳句的。于是我翻阅了许多资料，了解到芭蕉的门徒之所以如此醉心俳句，是因为在探寻俳句的道路上他们清清楚楚地发现了美之本体。

现代文学是我了解现世的一扇窗户。最近我刚拜读了井上靖的《敦煌》，里面的故事趣味性强，十分精彩，但故事节奏太快，像是催促读者务必在有限的时间内看完一场场景宏大的演出。

有人曾说，如果说歌德是一张磨得黑亮的桌子，《飘》就是一面晶莹剔透的玻璃，那么用闪耀着熠熠光辉的玻璃来形容井上靖的《敦煌》并不为过。尽管《敦煌》的故事节奏过快，但其趣味性不逊于《飘》，文字之中更是饱含诗情。井上靖的独创文学之路值得大家赞扬。

井上靖的作品作为新时代文学的代表，毫无疑问属于战后文学，其背后自然不是"由浅入深再深入浅出的心境"（芭蕉）。

国外有位有趣的作家名为纪德，从其作品及其对陀思妥耶夫斯基的评价中不难看出纪德见识卓越且文采斐然。其《女校》等作品趣味性极强，令读者读之欲罢不能。言而简之，纪德是一位有趣的知识分子。可横光利一却瞧不上纪德。看起来这位被称为日本新感觉派的作家的感觉也太麻木了。

画家中，我最喜欢日本的大观和久隅守景，以及外国的梵高和拉普拉德[1]。

1　拉普拉德：皮埃尔·拉普拉德，法国后印象派画家。——译者注

在大观留下的《无我》和《潇湘夜雨》的三大版本中，我最中意的还是第一版本的画作。大观与芥川同为勇于为艺术献身之人，他们始终为追逐"永恒之影"而奔跑。献身艺术其实并非玄妙难言之事，就似不进米面仅靠饮酒度日而创作出的画作之中，亦有佳作能体现"献身"之感。

虽然我只在报纸上见过守景《夕颜棚》的照片，未能有幸瞻仰真品，但已被其深深吸引。画面上有一对半裸的夫妻，可我却透过他们看到了守景的感情。换言之，《夕颜棚》画的其实是守景在日常茶饭事中的心境。我本就常常内观情绪，所以被这类画作吸引也是理所当然之事。此外，《日高河》的创作者华岳也是我十分欣赏的画家，但是他在画作中表达的不是日常茶饭事中的心境，而是一种极度兴奋的状态。

前面提到的梵高和拉普拉德也是用画作表达内在情绪的画家。知道拉普拉德是因在大学时读了佐藤春夫的《厌世家的生日》。战后有幸在展览会上两次瞻仰其大作，次次为之陶醉。遇到心仪之作，不禁心神荡漾，已然顾不得参考评论家所言。心灵能受此美之享受，夫复何求。

刻画女性形象的文学家

人之所以适应群体社会化生活，是因为能体察他人情感。绝
大多数人都默认了自己这一能力，其中甚至有相当一部分人觉得
体察他人情感并非难事。然而体察是真，但程度尚有区别，要想
清楚彻底地摸透他人情感绝非易事。这一点我们可从文学家刻画
的女性形象中得到旁证。

在我所读之书中，只有日本的夏目漱石以及俄国的陀思妥耶夫
斯基二人的作品称得上生动刻画了女性形象。漱石的《从此以后》
与《行人》故事趣味性极强，这与漱石细致入微地刻画了女性角
色的情感分不开。陀思妥耶夫斯基的作品亦是如此，例如《白痴》
中娜斯塔夏的形象就被刻画得惟妙惟肖。

看到此处也许有人会反驳："歌德不是在《威廉·麦斯特》中
塑造了完美的女性角色吗？志贺直哉的《直子之死》难道不令人动
容吗？"话虽如此，但歌德塑造的是男性眼中的完美女性，《直子
之死》的真正主角是遇到女子意外死亡的男子。总而言之，无论
是《威廉·麦斯特》还是《直子之死》，故事都围绕男性展开，女

性不过是小说中的附属品而已。

出现这一现象或与男性作者没能真正摸透女性的情绪波动有关，因而无法生动还原女性角色的形象。虽然女人是男人最亲密的伙伴，但男女差别甚大，尤其体现在情绪波动变化方面。男性感受女性情感波动时，如果不能脱离自身的情绪波动，那么他所感知到的不过是女性情绪波动带给自己情绪波动的影响而已。这也是男性作者不易塑造女性角色的原因。

日本近代文学才刚起步，只有漱石一人能生动刻画出女性角色的现象不足为奇。但海外文学历史悠久，也只得陀思妥耶夫斯基一人具有这样的能力。可见男性想要摸透女性情感实非易事。

漱石与陀思妥耶夫斯基之所以能够敏锐地捕捉到女性的情绪波动，我认为这与漱石标榜"则天去私"，陀思妥耶夫斯基最看重"谦虚"的品德分不开。无怪只有这样的人才能写出好的作品。

第三章
漫笔与忆旧

奈良之美

面对古都奈良之美的逐渐丧失，我们习于感慨"美景易逝"，却乏于思考该怎么做。出现这一现象的根本原因不外乎是日本的执政者不懂奈良之美。

很多时候，他们看到的只是字面意思，却忽略了背后的含义。就拿秋天的日照来说，执政者的理解仅停留在字面，即秋日太阳的照射，并未深及其中的蕴意，与之交流时难免沟通不畅。其实，美的领悟并非易事。我喜爱奈良城历经岁月洗礼后的波澜不惊，就像城中的古建筑遗世而独立。奈良之美犹如秋日日照，只有神领意得之人才会对它爱如珍宝。

但如今又有多少人能真正感受到秋日日照的美好。明治之后的日本文化可分为三个阶段，即漱石文学全盛期的黄金时代，其弟子寺田先生所处的白银时代，以及我们这一代步入的青铜时代。纵观下来，不禁令人感到日本文化业已日薄西山。长此以往，秋日日照之美恐再无人能懂，更勿论那些细小微妙的美好。该现象的出现并非特例，感知美的能力的衰减已成为现世的通病。取而代之，关注的焦点转向了形式。该变化的出现倒非国力衰退所致，而是人眼光浅显，仅观眼前方圆，从而一叶障目不见泰山。

皮肤表面的创伤虽看起来不会累及心肺等内脏器官，但创伤面多少会有细菌的渗入，由外及里，最终伤及内脏。电影小说中的低级趣味看似娱乐而已，但却在腐蚀人心。人心将死，何知美之所向。

毫无疑问，奈良之美值得维护与传承。但奈良真正的美常常隐匿在不起眼的细节中，因而要守住奈良之美，需由深谙奈良美的人来把握大局，所以培养具有良好审美情操的接班人不失为上策。

眼下我们需要做的是为他们留住残存的奈良之美，轻举妄动的做法只会加速美的消失。只盼具有良好审美情操之人能及早出现。

奈良是日本文化的发祥地，在日本民族出现自卑心理前，这里可谓是日本文化的繁荣之地。所以，保护奈良文化其实也是在为培养日本新兴文化保留根基。在奈良的旅游业上，无须过度迎合游客市场，以奈良为本振兴日本传统文化才是重中之重。只盼奈良之美能早日重现。

相扑与棒球

电视节目中，我最喜欢相扑和棒球节目。

目前，柏户[1]是我们全家人气最高的选手。我个人也十分喜欢他，因为他内心纯净，即便输也输得坦荡。若碰到柏户状态不佳接连失手，我反倒会揪心得考虑暂停观看他的比赛。相较之下，大鹏[2]在我们家的人气要低得多。因为大鹏在比赛时常深锁眉头，脸上一副殚精竭虑的模样，不太讨人喜欢。不过在赢得了本次名古屋战后，大鹏如释重负面露喜色的模样看起来还是颇为讨喜。

相扑力士中，房锦[3]、栃之海[4]以及引退的栃锦和若乃花也颇得我意。众所周知，相扑力士体型越大力气越大。当我看到体型彪悍的选手被前面的这些小个子选手摔倒在地时，就忍不住拍手叫好。房锦在赛场上的举手投足无不透露着相扑的风范，第一相扑力士的称呼也是实至名归。相较之下，栃之海怕是有些过于执着，

---

1 柏户：柏户刚，本名富坚刚。日本第 47 代横纲。——译者注
2 大鹏：大鹏幸喜，本名纳谷幸喜。日本第 48 代横纲。——译者注
3 房锦：房锦胜比古，本名樱井正胜，若松部屋的相扑力士。——译者注
4 栃之海：栃之海晃嘉，日本第 49 代横纲。——译者注

但神风等人却评价说："枥之海的耐性还需磨炼。"固执之态本因认知偏差而起，上述评价纯属无稽之谈。因此，我喜欢房锦胜于枥之海。同理，北叶山之流较枥之海更是略逊一筹。

棒球队中，我格外喜欢巨人队。尽管我自认不十分在意输赢，但巨人队的获胜却能令我欢呼雀跃相当长时间。要是获悉电视上会转播巨人队的比赛，我必定打听清楚播出时间，绝不允许自己错过。我对巨人队的喜爱，由此可见一斑。

今晚广播从七点，电视从八点开始转播巨人队与中日队的比赛，我自然不可错过。但是巨人队最近战绩不佳，我也拿不准此战是否值得期待。近来，巨人队的长岛打击率下降，中日队的打击率却接连攀升，估计今晚巨人队又要遭权藤碾杀。不仅如此，接下来巨人队的局势恐还将恶化。

教练川上坚持让状态不佳的投手上场比赛是队伍连吃败战的主要原因。川上的不作为实在令人讨厌。转播开始，川上果不其然维持了原有的排兵布阵，巨人队惜败退场。我实在想不通，巨人队的劣势如此明显，川上怎能选择视而不见，一而再、再而三地错过替换投手的最佳时机。巨人队的前任教练水原性格与川上截然不同，属于情绪型。直到现在我仍然十分欣赏水原，只是对他目前执教的东映队还不太了解。

巨人队中多君子，例如藤田。南村过去也曾效力巨人，昨日在电视节目《长岛的打击率可否达到三成？》中的表现亦是谦逊有礼，其发言相较他人也更为中肯真诚，真君子也。

新春漫谈

恭贺新禧！值兹新年，万物更新，不妨给心情放个假，让精神也能辞旧迎新。除夕夜寺庙的钟声最能宽慰我心，当山中寺庙的钟声响起，我仿佛能看见山野中的潺潺溪流；当海边寺庙的钟声响起，我的耳畔似乎能听到海浪的浅吟低唱……要说自己的新年安排，为求清净身心，我计划从初二夜晚至初七去道场参加"别时"念佛。之所以想清净身心，是因为前几日我在依水园饮茶时，突然意识到自己的情绪在去东京接受文化勋章颁奖期间已经受到一些影响。想必诵念佛经后，对自己的这种心态会认识得更加清晰。

一年有四季，但我却独爱冬去春来的时节，可以从梅香暗浮走进樱花烂漫。这个时间里，我很难集中注意力去细细研读某一本书，只能挑着翻看其中的内容。所以当我意识到眼下的状态不适宜做研究时，我常会放下手中的书出去散步，以缓解内心的焦躁。其实挑着翻看图书并非一无是处的行为，反而有在田野中大面积播种的功效。春天不正是播种的季节吗？意识的快速流动自然能达及八面，恰如"春日爱晴海，终日赏清波"（春の海ひねもすのたりのたりかな）。其实大海并非只在春季清波荡漾，不过是吟诵者的意识在春季快速流动之故罢了。

夏天是万物生长的季节，处处可以感受到强烈的生命力。此时的山也有了山应有的气息与姿态，何其美好。所以在这一季节中，学习也常能得到事半功倍的效果。那些关于夏天不宜学习的说法实在荒谬，少了充实旺盛的生命力支撑，学习才是无以为继。法国的四季不如日本分明，山也总是一副同样的面孔。难怪日本人去法国研习数学时，会感到总有些地方不对劲儿。

不过，现在日本的四季也不再分明，冬日见不到雪，梅雨也不像梅雨。日本的台风多发时期，原本是以春分算起的第 210 天左右，但现在却都以第几号台风的方式来区分了。人们季节意识变得淡薄，气象台也有一定责任吧。

世上最美的花是夏日清晨绽放的牵牛花。虽然大自然的结构规模极其宏大，但安排得却是细致入微。为照顾人的美感体验，大自然在夏日清晨唤醒了牵牛花。只可惜大自然的好意多被人的睡梦所辜负。

地球是一颗绿意盎然的星球，茫茫宇宙大概仅此一颗。世人皆认为先有宇宙后有地球，但可能恰好相反，宇宙的存在也许是为了守护独一无二的地球。

或许是受了禁欲主义的影响，日本女子大学中很少能看到花。希望今后女子大学的每一位毕业生在毕业前能为学校种下一株花，留下一片芬芳。我想在研究室前的楠树下种紫花地丁，谁曾料到本是随处可见的紫花地丁如今也越来越少。红蜻蜓的踪影更是难寻。究其原因，不外乎人类大量使用农药之故。牵牛花是大自然的馈赠，可我们竟让它倚着形似烧烤架的铁丝网攀爬而上。除牵牛花外，梅花、牡丹和菊花也深得我心。只是在人类开发种植四季菊后，菊花的香气也越来越淡。

言及世态，无论世界还是日本民族，不灭亡已是万幸。此次的东京之行令我怵目惊心。日本二战战败重创人心，使得民族意志消沉，国民颓唐不安。这样的精神土壤叫科学的种子如何生根发芽？很多人认为，距离二战已过去数年，日本民族业已摆脱沉疾重新焕发生机。然而，这种认知的出现恰恰才是令人担忧的地方。我亦为此深感不安。新春漫谈本不该涉及如此沉重的话题，可事实如此，实在不吐不快。

黑暗时代已来临，但世人却还沉睡不知，百人之中恐只有两人张开了觉醒之眼。同样，数学论文中读之能令人感到醍醐灌顶的也仅是百篇有二。沉睡之人在睡梦中的言语，即便语意通畅，看似言之凿凿，但终究是梦中呓语。这还不如一言不发地安静沉睡。

眼下之状犹如置身罗马时代，希腊时代的真善美已被抛至九霄云外。现代与罗马时代无一例外都是大张旗鼓地发展军事、政治和技术。致力罗马史研究的人何须追溯过往，眼前即答案。火箭登月与真善美无关，亦与智力无关。只是人性中最重要的部分，已经在忙碌的时代中沉沉睡去。

真不愿看到如此美丽的地球毁于一旦，可地球之危，犹如累卵。话题聊得有些沉重了，不过在新春之际，我所思之事确实如此。

遐想

1929 年，我搭船去法国留学时曾在新加坡停船落脚。新加坡海岸线蜿蜒曲长，沙滩上零星地点缀着几棵椰子树，外有几栋近似日本神社的民宅。眼见此景，淤积于心的思乡之情喷薄而出，萦绕于怀。此后我坚信日本民族的祖先应是由南方渡海而来。我从未想过除故乡外，还会有一处地方令我感到似曾相识，魂牵梦萦。此番情感的体察于我而言是非常珍贵的体验，它对我留法期间秉持的信念——法国人能做的研究我也能做——产生了相当大的影响。

提及日本民族的起源问题，难免仁者见仁智者见智。对此我亦有刍荛之见。反正神话时期的历史目前尚难考究，冥思遐想悉听尊便。蒙出版社青睐，我的部分遐想被印刷出版。之后，我在报纸上看到有人在书评中指出了书中的纰漏，称天岩户的神话源自持统天皇时代，因持统天皇为女帝，所以神话中的主人公应是女神。就书评而言，我十分欣赏对方心思的缜密，但在该段历史被考究清楚前，所有的神话都只是个人的遐想。

众所周知，人类历史可追溯至距今至少50万年前的北京猿人和爪哇猿人。可我们对当时的情况仍不得而知，例如在用火方面与现代有无差别。假设人类的祖先是15万年前的尼安德特人，那么智人的出现应可追溯至地表几度冷暖交替的第三至第四次冰期。先有智人后有情绪。大约一万年前，人类才初现情感雏形。

尽管时过境迁，但人的情操却亘古未变。遐想世界天马行空任君游，既然我们与中国古代人的情操如此契合，说不定日本民族的祖先在一万年前也曾居于黄河上游。世人皆言日本是一个善于吸收学习外来文化的民族。可再深谙此道，也不可能在初次接触新文化时就能抓住其核心文化。因此只有一种可能，日本民族本身就具备中国人的情操，只是借由新文化的碰撞被唤醒而已。

轮船驶离新加坡后，继续航行。"高千穗高耸入云……"会不会是日本民族的祖先因在黄河上游失利集体迁徙时，路遇美景而动情所吟？说不定日本民族的祖先在 8000 年前曾辗转迁徙至波斯湾，与释迦牟尼之前的迦叶佛相识，并通过迦叶佛传播佛教思想，最后再由释迦牟尼整理创建原始佛教。否则日本民族怎么可能在圣德太子时期就能轻而易举地领悟佛教情操的精髓呢？

我认为日本民族的祖先离开波斯湾后，或曾绕道新加坡再北上迁徙。果不其然，神话中神武天皇东征的路线旁证了我的假想。新加坡海岸令我思乡情切，大抵也是文明同根之故。

如上所述，日本人只有经历环游地球的授道求学，同时滋养情绪与情操中心，才能有现在的模样。因而日本民族对世界上的许多文化都怀有深深的亲切感。反之，日本文化在初学时却常令人摸不着头脑，直至学有所成，才能领悟其平易近人之处。日本文化的精髓也正在于此，即自己能够对"自己懂了"这件事有清晰的感知和认识。

念中谷宇吉郎

前年秋天，我去东京参加文化勋章颁奖仪式时曾拜访中谷，听他谈及他的低温科学研究。中谷称："世人多认为我的研究不属于物理学范畴。哪怕是造雪实验，只因我能完成而他人无法完成，就认定我搞的是艺术方面的研究。"颁奖仪式当日，我向同为获奖者的吉川英治提起该事。吉川听后对中谷深表同情，并举出不少类似的例子和我说："不少日本人在某特定方面具有别人不可模仿的能力，只可惜他们却因此得不到公正的评价。"

中谷是寺田寅彦先生的高足，自始至终都以"实验物理学家"的身份自居。中谷制作出的雪花结晶曾获日本天皇陛下青睐，令其自豪不已。中谷不仅睿智灵敏，待人也友好亲切。初识中谷是1929年，在巴黎的日本留学生住的萨摩会馆。当时会馆里的正木修向我介绍："这里没人不认识中谷，因为他是理研同仁中最热情的一位！"

之后约有两个星期，中谷每晚都来我房间和我讲两个小时的"寺田物理学"，这一经历对我后期的数学研究产生了很大影响。

如今回想起来，真恨自己当时没能多了解一些寺田研究室的情况。尽管忙得不可开交，中谷仍忙里偷闲带我和他做考古学的弟弟中谷治宇二郎游览巴黎。中谷说自己并不觉得累，反而十分享受眼下的生活。只可惜天妒英才，也或许是北海道寒冷的工作环境令他身心俱疲，导致他提前撒手人寰。

中谷是理想家，更是现实主义者，常能随遇而安。他选择研究低温科学是因为去了北海道，而非为了研究低温科学才去的北海道。正是这种"人在青山在"的乐观性格造就了他的学问成就。与理想主义者寺田先生的随笔风格不同，中谷的随笔中很少使用否定表达，文风清新明快。这也是中谷随笔广受欢迎的原因之一。

不过中谷的乐观有时也会令人大跌眼镜。有一次，他的女儿咲子生病，他竟还能笑着在电话里和同事茅先生，即现东大校长说："咲子这孩子心脏都快跳不动了。"结果反倒吓得茅先生连声说道："别开玩笑了。"

本与中谷相约五月一同去他老家的片山津温泉泡汤疗养。只可惜天妒英才……痛失如此才高识远的挚友，叫人如何不惋惜难受。

吉川英治

我从很早开始就喜欢读吉川英治的小说。与他的第一次照面是在 1960 年秋天的文化勋章颁奖仪式上。第二年吉川染病，我还专程去探望过他。算起来，我与吉川总共也只有两面之缘，在一起的时间不过三日。因此在回忆吉川英治时，谈及更多的可能是我个人的感受，望诸位见谅。我一定尽量还原记忆中的吉川英治。

吉川死后，其作品受到多方褒奖，但仍不足以赞美他留下的文学瑰宝。日本文化中既有传统文化也有现代文化，而吉川正是兼备传统与现代两面之人。传统文化是指在孔子时代之前就存在的历经岁月传承下来的文化，简而言之，即人性本质中的朴素之美。这种美是动物不具备的特征，用现代语言也很难表述清楚，甚至很难评价。诚盼贤者钻研探究，只可惜柳田国男前日已逝。吉川身上就具有这种朴素的传统美。因而与吉川初次照面时，我感到与之已相识万年。吉川长得颇为"古怪"，与之照面有种见到了中国古代历史中额头长角的神农氏和伏羲氏之感。

初见吉川是在颁奖仪式当日，在仪式开始前和宫内厅的工作人员确认颁奖顺序时。仪式开始前，吉川、我、佐藤春夫还有田中耕太郎，加上首相池田和文部大臣荒木等六人在皇居内一座临池而建的房子里闲聊。也不知是忘记了还是从一开始就没弄清，我始终想不起当时我们所在建筑物的名字。

池田首相口若悬河，但说东道西言之无物。政治家说话大抵都是如此。我只记得当时他对我们这些获奖候选人说："你们比我们受欢迎。"

期间，我与佐藤、吉川相互交流了各自对文艺的见解，三人相谈甚欢。我问佐藤："你日语文章写得好是有目共睹的。新的假名使用规范会影响你的文学创作吗？你是否参与了此次假名使用规范的调整？"佐藤回答道："没有参与，新规范也未必非遵守不可。写文章我只听从自己的内心。"我很早以前就读过吉川的《私本太平记》，里面楠正成左眼睑上的伤疤给我留下了十分深刻的印象，因为正是这道伤疤赋予了正成不一样的风采和魅力。书里说这个伤疤是楠正成儿时摔跤被竹桩划伤所致。见到吉川后，我向他追问这个细节究竟是虚构还是史实。吉川面露喜色地回答："当然是我虚构的啦。冈洁你读得真仔细。"这是我第一次得到吉川的褒奖。

颁奖仪式上，我先向天皇陛下行礼，然后从池田首相手中接过勋章。下来后，再由荒木大臣替我把勋章挂在脖子上。仪式结束后，我们与天皇陛下、皇太子以及三笠宫亲王在皇居共进午餐。午餐相当美味。餐后我们换了个房间喝咖啡，接受陛下的提问。可能因为当时非常紧张，以致只能听到陛下问句中最后的疑问词"吗"，根本不知道陛下的提问内容，所以我也不知道自己都回答了什么。事后从荒木大臣处得知，我的回答是："数学是燃烧生命所得之成果"。可能因为我当时非常注重学术创新问题，所以在回答陛下的提问时，很自然地表达了这一观点。之后，吉川告诉我英雄所见略同，他作品中的每个人物也都是他燃烧生命呕心沥血创作而来。至此，我与吉川已互引知己。

的确，吉川作品中的主人公都具有燃烧生命的激情，也就是前面提到的日本现代文明。纵观吉川的一生，不难发现他始终怀抱着满腔热情。他给自己设下一个伟大的目标，然后用尽一生的努力去实现。一个让生命之火熊熊燃烧的人，一个毕生只为描绘生命之光的人，他自己就是天才。吉川就是天才。没有吉川，东京也会黯然失色。吉川的出现恰恰证明了日本民族的精神之美尚存，也宽慰了我焦躁的心。

历史上，为了说明光的性质，牛顿提出了光的粒子说，惠更斯提出了光的波动说。最近，德布罗意提出了波粒二象性假说，即光同时具有波动和粒子两种属性，结束了这一争论。按照波动和粒子的不同属性特征可将文学作品划分为波动型和粒子型。不仅如此，作家也可分为波动型和粒子型两类。粒子型作家是指能够理解直观的人，譬如懂得欣赏芥川龙之介的"诗"。若以热学作比，粒子型作家就像对流、传导、辐射中的辐射，即便相隔甚远，仍可以心传心。就文学体裁而言，俳句属粒子型，短歌属于波动型。同理，佐藤属于波动型，吉川毫无疑问属于粒子型。我与吉川能够相聊甚欢，大抵也是他与我深爱的芥川同属粒子型之故。

吉川直观通透，能够轻松洞悉他人的心理变化，及时捕捉到对方感兴趣的话题。他生病前曾去大阪演讲，只可惜当时我忙得不可开交，只能安排内人代我参加。回来后内人感慨万分，没想到高高在上的吉川竟那般平易近人。吉川给人的亲切感正是源于他能捕捉他人兴趣并巧妙转换话题。所以，吉川的作品总能轻而易举地抓住读者的心理变化，尤其是作品中对突发性大事件爆发前夕的描写更是丝丝入扣，令读者欲罢不能。

文化勋章颁奖仪式后的第二晚，池田首相邀请我们共进晚宴，但最后池田首相因工作繁忙未能现身，一切交由荒木大臣打理。晚宴上，我同吉川谈及先贤有何过人之力时，提到了熊本某中学的校长具有慧眼识人之才。某位海军元帅曾请这位校长为儿子相面。校长仔细观察后，直言不讳地称："恕我直言，贵公子并非大富大贵之命，常鳞凡介的生活足矣。"元帅接纳了校长的建议，最后让他的儿子在新宿御园当了养菊工。

此外，我还向吉川提到了中谷宇吉郎遭受的不公平待遇。只是因为他人无法轻松实现中谷的雪花结晶，中谷从事的研究工作就被认定"属于艺术不属于科学"。吉川听后，同情地说："当代日本人做事言必称西方，与之不符的皆得不到重视。"随后又感叹道："文学也是一样，纯文学之外的文学也被关在了艺术门外。"其实吉川的文学并不属于大众文学的范畴。

别后没多久，我听闻吉川染病。于是第二年秋天，我应宫中之邀去东京参加游园会时，去庆应医院探望了吉川，只恨相聚时间太短。吉川说："生病前我一心扑在写作上，未曾留意身边世界的模样。塞翁失马焉知非福，这下终于有时间好好观察身边的人和事啦。"并与我相约第二年秋天同去皇宫参加游园会。可惜，此别竟成永别。

吾师吾友

松尾芭蕉说："人生如旅程。"但我却认为，人自己本就是一场长途旅行，而人生不过是其中的一个片段而已。

世界是看得见摸得着的，所以是真实不虚的存在。同理，可以通过感官的知觉衡量外在世界的自我必然存在于真实。可自我真的存在吗？佛教主张自我真实存在的意识是谬误，自我本身即错误的幻觉，且不因生命体征的消失而灭亡。正如猿上人的歌中所讲："不断六道轮回之根，难逃身命之苦。"古人为错误的幻觉不因死亡而消逝苦不堪言，可现代人却窃喜人的轮回。

自我究竟是什么，实难参透。我今年六十有二，已是风烛残年，不由怀念起出现在我之人生这一旅程中的匆匆过客。他们成就了现在的我，是吾师亦是吾友。

《猿蓑》中有一句"陋室合衣宿，忆昔再启程"（押合うて寝てはまた立つかりまくら）。自我或许就是一间能让过客歇脚的驿站。至于这些过客，我还能忆起几位。

小学留给我的回忆是春日田野上的奔跑，拥抱大自然的美好。

升入中学恰似等来了黎明破晓，世界如同画卷在眼前缓缓展开。迈入大学后，开始分析探索自我，制定符合自身的生涯规划。回顾学生生涯，有两位老师令我记忆犹新。一位是大阪管南小学的藤冈英信老师，小学时受到了他的颇多关照。另一位是教唱歌的女老师，可惜我已记不得她的姓名。当时她不知何故遭到学生鄙视，我在旁附和了几声，结果老师当场哭出了声："我那么疼你，连你也瞧不起我吗？"那一幕刊心刻骨。

藤冈老师教的是理科和绘画。因为当时全班只有我住在郊外，每天都从郊外的打出来上学，所以老师常常安排一些特殊的任务给我，例如："明天上课要用到带刺球的板栗，你带点儿来吧。"每次接到老师的特殊任务，我都十分开心。

藤冈老师给我留下了很多美好的回忆。记得在一次绘画课上，老师要求我们对着山茶花写生。可我始终不得要领，于是藤冈老师走到我身边，用蜡笔替我画了一幅山茶花的写生画。画里的山茶花惟妙惟肖，令我爱不释手。最后我把画带回家中仔细珍藏了起来。

还有一次，某报社面向大阪市内的小学举办了一次枚方的写生活动，每所小学可选派一至二名学生参加。最后学校挑选了我和另一名学生，由藤冈老师带队参加。收到被选拔上的消息时，距写生大会的召开仅剩一周。为在大会上表现得更加出色，我利用最后的一周时间做了大量的绘画写生练习。没想到到了大会现场，我和同伴被其他学校的学生出神入化的画技惊得目瞪口呆，全然记不得自己同是参赛者的身份。这时有个人走了过来，也不知是老师的朋友还是报社的记者，他盯着我们问藤冈老师："这两个学生也会画画吧？"言辞中充满了浓浓的火药味儿。藤冈老师立刻替我们解围说道："不，只是听说有这么个活动，带他们出来见见世面而已。"

我对美术的喜爱主要是受藤冈老师的影响。写生大会后没多久，我买了三脚架和画板，开始在阪神沿线的不同位置创作写生。在这样的环境熏陶下，内在的情绪渐渐在心中形成了自我意识，这恰恰也是小学时期的重要培养目标。你碰到过喜欢布置大量作业让你学习到深夜的老师吗？如果有，那他只能留给你心酸的回忆。

升入粉河中学后，我开始了寄宿生活。宿舍的管理组长是教英语的内田与八老师。内田老师个子不高，但才华出众，翻译英语时常能妙语连珠。作为宿舍管理组长，内田老师非常负责。每年寄宿生离开宿舍时都能收到内田老师的评语，看到老师对自己的建议和提醒。

内田老师之后被调去山梨县的身延当校长，据说在学校的修身课上也会给予每位学生不同的建议。内田校长此举令学生毕业后亦感到受益良多，于是大家集体出资为内田校长的宅子加盖了房间以表谢意。老师已有 80 岁，精神矍铄，住在甲府市。最近我曾两次探望内田老师，每次都住在学生替他加盖的房间里。与老师忆起在粉河的点点滴滴，老师表示高我三届的箕田贯一，即栗本铁工所的前所长给他留下了很深的印象。内田老师说他之前去栗本铁工所，受到了箕田无微不至的款待，令他十分感动。内田老师称赞说："箕田特别热情!"学生心里永远记挂着老师，听老师回忆往昔都不失为人间美事。

我记得内田老师在箕田毕业离开宿舍时对他说："望今后人生路一帆风顺，失败于你是难以承受之伤，切记行事小心，莫令自己追悔莫及。"内田老师对箕田要求十分严格，这对于才华横溢的箕田而言正是恰如其分的警醒。箕田这一路走来还算顺利，也不知他是否行事前时刻用内田老师的教导警醒自己。

近来，我获得了文化勋章等多种褒奖。得知消息最为我感到开心的是中学同学，读了我在《每日新闻》上连载的《春夜十话》担心我因"说话太直接"而得罪他人的也是中学同学。不过言必虑其所终，在此谢过诸位挂念。

高中是探索批判精神的时期，久而久之不免会用批判的眼光审视自己。我也是在升入高中后才萌发了批判意识。高一时，我不太理解考试追求高分的意义，所以数学考试时，我答完题后把试卷传给了别人，直到被数学老师杉谷岩彦喊去谈话，我才知道我的试卷竟在全班传阅了一圈。杉谷老师和我推心置腹地谈了人生，只可惜我已记不起具体的内容。但是升入高二后，我行事不再乖张，逾规越矩之事更是极少染指。感谢杉谷老师在我规划人生蓝图时能为我指点迷津。

另外，高中老师之中教地质的江源真伍老师也令我难以忘怀。当时江源老师正致力于与世界各国学者合作绘制太平洋沿岸的地质图，所以常常穿着草鞋在海边来回行走。转眼已过去了四十多年，可江源老师仍在坚持钻研这一课题，有时还会拿他的论文给我看。老师为人质朴不善言辞，但只要提到他研究的课题，总能侃侃而谈，不觉东方之既白。江源老师虽才华横溢，但为人谦逊低调，不喜显山露水。老师当初着手该课题研究时，我已预感到这是一项长期且艰辛的工作，不觉对其顿生敬佩之情。但我敬佩的并非是老师过去及当时的成就，而是前途未卜的将来。虽然彼时懵懂年少，不知未来为何物，但对值得尊敬的事物仍能心存敬畏。也正因为如此，那个年纪才拥有不容忽视的光芒吧。

三高的老师中，国语老师阪仓笃太郎仍健在。阪仓老师曾在课上教授《徒然草》，如今思来，当时正是学《徒然草》的最佳时期。前几日参加同学会时再见阪仓老师，不由感到阪仓老师正是教授《徒然草》的最佳人选。

今后，三高同学会的成员只会一年少过一年。前几日的同学会上，过去的应援团成员举着红旗敲着大鼓为我唱了加油歌，不禁勾起了我的回忆，令人潸然泪下。如此至纯至真的一群人逐渐消失，对日本而言真是一种损失。

我有一位学弟名叫海堀君。二战战败后，日本政府想改革学制，计划把海堀君所在的初中与三高合并。海堀君知道后，跑到三高来，希望我能助力当时的三高独立运动。我对海堀君说，此次战败导致的国家责任应由我们三高和一高的学生承担，而非无知的军部。海堀君听后感激而归。得同学如此，夫复何求。只盼有生之年能再重温旧时美好时光。

考入京都大学时，我选的是物理专业。大一有幸遇到和田健雄老师给我们讲微积分和微分方程。和田老师喜欢用手撑在讲台两侧直视学生的眼睛说："这一点毫无疑问。"老师的言行举止如同英国绅士，他认真谦虚且真挚的态度深深感染了我们。这也是我大二转去数学系的原因之一。

园正造老师是我在三高的学长，他学富五车，深受京大学生的欢迎。老师的教学风格严谨，每一步都要反复确认，有时甚至会追本溯源回归定义。园老师常说:"一着不慎,满盘皆输。"老师严谨的治学态度深深感染激励了我。大一时,我与三高旧友一起为留学归来的园老师和物理系的玉城嘉十郎老师接风。接风宴上园老师和玉城老师回忆伊势海边共读时光的模样,至今依然历历在目。

与园老师的教学风格不同,几何老师西内贞吉更注重观念性。有一次我去西内老师家向其请教问题,无意中提起自己初三时曾读过菊池大丽翻译的《数理释义》,读后深感有趣。西内老师听后频频点头,说:"我研究数学也是受那本书启发之故。"升入大二后,西内老师开始在课上讲授"亥姆霍兹的永动机运动"。尽管内容艰深,但西内老师仍能娓娓道来。

河合十太郎老师的教学风格更是少见,讲课从头至尾一气呵成,完全不在意章节之分。河合老师喜欢在纸片上抄写数学家的逸闻趣事,然后把纸片装进信封,等到上课的时候再从信封中抽几张读给我们听。托河合老师的福,我在学习知识的同时也了解了不少数学家的传记。河合老师绝对是性情中人。这些各有千秋的老师们都给我留下了美好的回忆。

在法求学时遇到的朱利亚老师称数学是有节奏、有旋律的学科。他在法国数学界的获奖论文,行文结构均衡、层次清晰,该长的地方长,该短的地方短,读之仿佛能感受到雕塑中的量感效应。

拉丁文化的精深着实令人敬服。朱利亚老师的学术著作《一元函数论》(*Leçons sur les Fonctions Uniformes à Point Singulier Essentiel Isolé*)中的句号、逗号、冒号和分号等标点符号使用得非常精妙，有效地控制着文章的节奏感。所以我最初学写论文时，苦心钻研了此书中标点符号的使用方法，希望写出的论文也能富有节奏韵律。

真希望能用笔记录下迄今为止我直接或间接师从过的每一位数学家。只可惜心有余而力不足，幸有高木贞治老师的《阿贝尔与伽罗瓦》，诸位不妨一读。此外，高木老师的《过渡期的数学》是他在大阪大学的演讲稿合集，行文幽默风趣，可读性非常强。我自己读后亦感到受益匪浅，遂向诸位力荐。

提到朋友，我首先想到的是东京教育大学的教授秋月康夫。我与秋月是三高的同学，之后一同考入京大学习数学，毕业后同样选择了数学研究工作。我与他相识已有四十余年，两人的工作地点亦相隔不远，彼此间是朋友更胜似朋友。我在工作上能获多方褒奖，多亏秋月君最初不遗余力的举荐，但秋月君却从未向我邀功。

我与秋月君不同，我不喜热闹，鲜少参加活动，所以秋月君常常在活动后与我分享数学方面的最新消息，譬如最近他与我分享了计算机在登月火箭中起到的作用。之后，我的观念发生了改变，认为把机械工作交由机器完成亦是不错的选择。

　　物理学家河田末吉君是我的同学亦是挚友。他曾任"台北帝国大学"教授，二战后回到日本任教京大工学系，现任甲南大学教授。河田君与秋月君不同，心无我执，从不理会政治。本性如此清净之人，真是见所未见。得友如此，必以心相交，以期成久远。

　　大学时，我常与河田及他的一位初中同学一起散步聊天，彼此相谈甚欢。直到毕业后，才慢慢丢掉了这一习惯。记得当时我们曾一起步行至山崎，也曾一起绕过比叡山的山脚行至琵琶湖。不知是为了散步而聊天，还是为了聊天而散步，我们竟养成了不散步不聊天的怪习。交谈时，我们常常彼此互为听众，只要有人说，另一人一定会用心地听。

　　前段时间，河田作为客座讲师来奈良女子大学讲学，故我们得以重拾散步聊天的旧时光，听他谈及他在台北的过往。中间河田曾顺带提及他带着测量放射强度的盖革计数器走进实验室的场景。这本来只是无关痛痒的背景，我并未太在意。没想到走过两个街区后，河田改口称："等等，我刚刚记错了。计数器是我助手拿进实验室的，不是我。我是跟在他后面进去的。"其实计数器是谁拿的根本无关紧要，但河田却特意申明修正，或许是受其学术习惯的影响。因为实验物理需要用到大量的个人数据，其中只要有一点偏差，都会导致截然不同的结果。

　　秋月君和河田君的性格正好相反，而我的性格大概介于二者之间。我说话时的自我意识很强，经常强调自身的观点是这样，不是那样。在这一方面，我和秋月君比较相似。但在生活态度方面，我与河田君倒是常会不谋而合。

版 权 声 明

图灵新知 · 数学